아무도 가르쳐 주지 않는
돈 관리의 비밀

충전^錢 수업

쩐의 흐름 편

양보석 지음

아라크네

머리말

내 돈, 잘 지키고 잘 불리고 싶다

대부분의 사람들은 비슷한 인생 사이클을 그리며 살아가게 된다.

초중고를 졸업하면 대학교에 가거나 곧장 사회로 나가게 된다. 그리고 직장을 갖고 결혼을 해서 아이를 낳고, 또 그 아이를 교육시키고, 그러다 정년이 되면 직장에서 은퇴하고, 자식들을 결혼시키고 이제 할아버지, 할머니가 되어 생을 마감할 준비를 하게 되는 것이다.

그런데 이런 인생의 과정 가운데 시기에 따라 들어가는 돈의 단위가 다르다. 그러므로 우리는 이러한 생애 주기에 맞춰 돈을 잘 벌고 잘 불리는, 즉 돈을 잘 다루는 방법을 배워야 한다.

통계청이 발표한 자료에 의하면 2016년 기준 한국인의 평균수명은 남자 79세, 여자 85세로 나타났고, 2030년에는 90세에 이를 것으로 보고 있다. 즉 부모님 세대에 비해 30년을 더 사는 것이다. 그런데 오래 사는 것이 축복이 되려면 반드시 필요한 것이 있다. 바로 '돈'이다. 오래 살게 되니, 필요한 돈이 점점 커질 수밖에 없다.

그런데 그 돈을 어떻게 준비해야 할까?
이 질문에 대부분 '일하는 동안' 준비하면 된다고 말한다. 하지만 그게 결코 쉽지 않다.

일하는 기간을 30년이라고 가정하면 그 기간 동안 월급에서 절반 정도는 항상 떼어 놔야 남은 노후 30년을 살 수 있을 것인데, 최근에는 사오정(40~50대 정년)이니 오륙도(50~60대에 회사를 다니면 도둑)니 하면서 퇴직 시기가 점점 짧아지고 있고, 자영업 역시도 성공하기가 만만치 않다. '내가 몇 살까지 소득을 계속 얻을 수 있을지' 장담할 수가 없는 것이다.

돈을 모을 수 있는 기간은 줄어들고 있는 데 반해, 평균수명은 길어지니까 모아 둔 돈으로 살아가야 할 기간 역시 점점 늘어나고 있다. 그때를 위해서라도 돈을 잘 관리해야 한다. 그런데 "어떻게 돈 관리를 해야 할지 도대체 모르겠어요"라고 토로하는 사람들이 의외로 많다. 돈 관리하는 방법을 모르면 월급통장에 돈이 들어오자마자 카드값으로 모두 사라지게 된다. 한마디로 '금융 문맹'이다.

금융 문맹은 돈을 제대로 활용하지 못하는 사람, 즉 돈 관리를 할 줄 모르거나 또는 그런 방법을 모르는 사람을 뜻한다.

"문맹은 생활을 불편하게 하지만 금융 문맹은 생존을 불가능하게 만든다."

전 미국연방준비제도 의장이었던 앨런 그린스펀이 한 말이다.

한마디로 금융을 모르면 살아남기 어렵단 얘기다. 다시 말해 돈 관리 교육이 정말 중요하단 뜻이다.

아주 간단한 문제를 하나 내겠다. 연이율 2% 비과세 예금계좌에 100만 원을 복리이자로 5년 동안 입금해 둔다면 5년 후에 이 예금계좌에는 얼마의 금액이 있을까?

① 110만 원 초과 ② 정확히 110만 원 ③ 110만 원 미만

정답을 알겠는가? 참고로 이 문제를 틀린 사람은 전체 응답자의 60% 정도 되고, 정답은 ①번이다.

많은 사람들이 가정에서도, 학교에서도, 회사에서도 이런 기초적인 금융지식에 관한 교육을 받아 본 적이 없다.

우리는 늘 돈을 벌어야 되고, 또 쓰고 모으면서 생활해야 한다. 그런데도 돈 관리하는 법에 대해 제대로 배워 본 적이 없다 보니, 어떻게 벌고 쓰고 모으는 게 잘하는 건지 모르게 된다. 그래서 만날 '돈' 때문에 골머리를 앓는다.

이제 생존을 위해서라도 돈 관리 교육은 필수다. 또 금융이나 자산 관리는 서로 유기적으로 연결되어 일부를 아는 것만으로는 본인에게 무엇이 더 유리하고 불리한 건지, 어떻게 계획하고 실천해야 하는 건지 감을 잡기가 어렵다.

그러므로 제대로 된 종합적인 금융 교육을 받아 본인이 직접 스스로 판단할 수 있는 지혜를 길러야 한다. 그래야 다가오는 100세 시대에 돈에 관한 준비를 확실하게 할 수 있다.

이 책 '쩐의 흐름 편'에서는 100세 시대는 어떤 모습으로 다가오고, 그에 대한 대비책은 무엇인지, 또 라이프사이클에 맞는 재무설계 전략은 어떻게 짜야 할지 등을 살펴본다. 또 현재 자신의 재무 상태를 진단하는 방법, 예산·결산을 통해 수입과 지출을 통제하는 방법 등도 배울 것이다.

그리고 재무설계를 하려면 아주 기본적인 원리, 즉 재무 원리나 경제 원리들을 먼저 알아야 하는데, 그 원리 속에 나오는 단리·복리 같은 금리의 차이에서부터 환율·인플레이션·디플레이션 등 다양한 경제 용어들이 무엇을 뜻하는지 세세하게 짚어 줄 것이다. 그리고 추가적으로 돈을 잘 다스릴 수 있는 마음가짐과 실천 방안에 대해서도 다룬다.

한마디로 이 책은 '현명한 돈 관리를 위한 모든 것'이 담겨 있다고 보면 된다. 이를 통해 돈을 불리고 관리하는 문제를 단숨에 정리하고 해결할 수 있는 능력을 기르게 될 것이다. 그러면 앞으로 여러분의 삶에서 더 이상 돈 때문에 한숨 쉬고, 눈물 흘리고, 짜증내는 일은 일어나지 않으리라 확신한다.

양보석

차례

머리말 내 돈, 잘 지키고 잘 불리고 싶다   004

100세 시대의 자산 관리

100세 시대, 과연 무엇이 달라질까   013
세계에서 가장 빨리 늙는 대한민국   019
100세 시대, 꼭 필요한 것은 무엇일까   026

라이프사이클과 노후자금 만들기

라이프사이클 = 돈   035
무엇보다 중요한 재무 이슈들   042
어떻게 노후자금을 마련할 것인가   048
은퇴 전 반드시 점검해야 할 10가지   054
은퇴 후 만날 수 있는 진짜 위험들   060

재무 상태 파악하기

재무설계, 자산관리를 위한 네비게이션 … 067
재무설계에도 순서가 있다 … 075
재무 진단 없인 재무설계가 불가능하다 … 082
현금 흐름을 통제하지 못하면 미래는 없다 … 089

연령별 재무설계 전략 짜기

20대엔 어떤 재무설계가 필요할까 … 099
30대엔 어떤 재무설계가 필요할까 … 107
40대엔 어떤 재무설계가 필요할까 … 116
50대엔 어떤 재무설계가 필요할까 … 125

예산과 결산으로 재무 목표 달성하기

통장을 스쳐 지나가는 내 돈, 예산 짜기가 절실하다 … 133
예산, 내가 직접 세우려면 어떻게 해야 할까 … 138
결산을 해야만 끝! … 144
수입과 지출, 부채와 자산에 관한 솔직한 대화 … 152

내 돈을 두 배로 불려 주는 재무 지식

마법의 72의 법칙	163
어떤 현상의 80%는 20%의 원인 때문에 발생한다	170
분할하여 매입하라!	177
−50이 어떻게 +100이 되는가	186

경제 지식으로 돈의 흐름 읽기

아인슈타인이 말한 인류 최고의 발명	193
돈 값에는 생각보다 다양한 종류가 있다	199
금리 변동, 우리 삶에 어떤 영향을 미치나	206
환율, 어디서 어떻게 결정되는 것일까	214
환율 변동의 영향, 모르면 곤란하다	222
인플레이션, 우리에게 어떤 영향을 미치나	229
경기 침체와 물가 하락이 동시에 일어난다면	236

돈에 대한 내 마음과 행동 점검하기

나는 정말 합리적인 인간일까	245
현명한 저축과 소비는 마음가짐에 달려 있다	251
돈 모아 주는 행동장치를 설치하라	257

Chapter 1

100세 시대의 자산 관리

100세 시대, 과연 무엇이 달라질까

"인간은 너무나 빨리 늙고, 너무나 뒤늦게 현명해진다."

- 독일 속담

우리나라가 '고령사회'에 공식적으로 진입했다. 행정안전부에 의하면 2017년 65세 이상 노인 인구가 전체 인구의 14.02%를 기록했다. 2000년 '고령화사회'에 들어선 지 17년 만의 일이다. 이는 프랑스 115년, 미국 73년, 일본 24년보다 훨씬 빠른 속도다.

게다가 통계청 자료를 보면 우리나라의 평균수명은 남자 79세, 여자 86세로 80세를 이미 넘어섰다. 평균수명의 증가 추이를 놓고 볼 때, 우리는 사실상 100세 시대에 살고 있는 셈이다.

모두가 오래 사는 장수시대가 열린 것이다. 그렇다면 오랜 기간 인류가 염원하던 축복의 시대가 도래한 걸까?

그런데 지금의 우리 제도와 시스템들을 점검해 보면 대부분 80세 시대를 전제로 운영되고 있다고 해도 과언이 아니다. 장수의 축복이 현실화되려면 개인과 사회, 국가가 모두 충분한 준비가 되어 있어야 하는데, 오히려 준비할 시간이 너무 부족한 것은 아닐까?

100세 시대에 달라지는 것들

그렇다면 100세 시대에는 어떤 면들이 달라지게 될까?

첫째, 은퇴 후 다시 일을 하는 라이프 패턴이 늘어날 것이다.

보통 우리는 20대 중후반에 취업하여 60세쯤 은퇴하는 것으로 생각하고 있다. 하지만 100세 시대에는 은퇴 이후에도 무려 40여 년의 시간이 남게 된다. 이 말은 즉 30년 일하는 동안 은퇴 후의 40년 생활비를 모아야 한다는 것을 뜻한다. 그래서 100세 시대에는 일을 하는 기간이 길어질 수밖에 없을 것이다.

과거에는 공부하고 취업하고 은퇴하는 삶의 방식이 일반적이었다. 하지만 100세 시대에는 공부하고 취업하고 은퇴하고 다시 공부하고 재취업하는 형태의 패턴이 등장할 것으로 예상된다. 인생 이모작을 준비해야 하는 것이다.

우리나라의 부족한 복지 시스템 형편과 사회 양극화를 바라볼 때, 미리 인생 2모작, 3모작을 어떻게 준비하느냐에 따라 100세 시대 삶의 질이 확연히 달라질 것이다.

둘째, '여가를 어떻게 보낼 것인가'의 문제가 중요해질 것이다.

앞서 말한 대로 100세 시대에 지금처럼 60세가 되기 전에 은퇴를 하게 되면 노후 기간이 무려 40년이나 되는데, 이는 일을 하는 기간인 30년보다도 더 긴 기간이다. 이처럼 노후 기간이 늘어난 만큼 여가를 누구와 무엇을 어떻게 하며 보낼지 잘 생각해 봐야 되는 것이다.

기존의 노인들이 집에서 TV를 보거나 경로당에 모여 시간을 보내는 라이프스타일을 가졌다고 하면 100세 시대에는 은퇴 이후에 어떤 삶을 누리느냐가 행복의 중요한 잣대가 될 수 있다.

1997년 122세로 사망한 프랑스의 잔 칼망 여사는 85세에 처음으로 펜싱을 배웠다고 한다. 대부분의 사람들이 당시에는 도대체 그 나이에 펜싱을 배워서 뭘 하느냐며 고개를 갸우뚱했지만, 그녀는 펜싱을 배우기 시작한 이후로 무려 37년을 더 살았다. 심지어 칼망 여사는 110세까지 자전거를 타고 다니고, 114세에 영화에 출연해 사상 최연장의 배우로도 기록되었다.

이와 같이 칼망 여사의 삶을 통해 100세 시대에는 85세도 새로운 무언가를 배우기에 절대로 늦은 나이가 아니라는 것을 알 수 있다. 이제 여가를 즐기기 위해서는 잘 배워 두어야 하는 시대가 오고 있는 것이다. 그런데 여가도 제대로 즐기려면 그만큼 시간과 노력을 쏟아야 한다.

이렇듯 건전한 여가 생활을 즐기거나 일을 하는 노인들과 일을 그만두고 마냥 집에서 쉬거나 딱히 할 만한 여가 없이 지내는 노인들은 다르다.

셋째, 길어진 수명만큼 의료비와 간병비가 증가할 것이다.
물론 건강하게 오래 산다면야 무슨 문제가 있을까마는 아쉽게도 오래 사는 만큼 건강하지 않은 기간도 길어질 수 있다.

보험사회연구원이 발표한 보고서에 의하면 우리나라 국민의 건강수명은 72세 정도인 데 반해 기대수명은 약 83세 정도이다. 이는 대략 10년 정도가 병치레 기간이란 의미이다. 그러니 장수와 더불어 의료비와 간병비 부담이 늘어날 수밖에 없다.

한국인의 건강수명과 기대수명

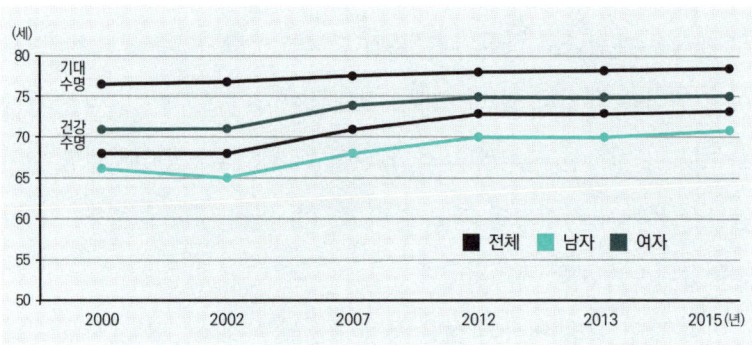

고령 부부의 경우, 남편과 사별 후 축소된 유족연금으로 생활하다 병에 걸리게 되면 간병비로 자산을 많이 사용하게 돼 홀로 남은 배우자가 노후 파산에 빠질 가능성이 높다. 이는 비단 개인의 문제가 아니라 사회, 국가 전체로 보더라도 간과할 수 없는 커다란 난제이다.

다섯째, 부모와 자식 간의 관계가 변화할 것이다.

예전에는 자녀들에게 집 한 채는 물려줘야 한다고 생각하는 부모들이 많았지만, 이제 100세 시대에는 노후에 필요한 생활비가 부족하여 살고 있는 집마저 활용해야 하는 일이 발생할 수 있기에 집을 자녀에게 물려주기 어려운 것이 현실이 될 것이다.

또한 100세 시대에는 부모와 자식이 함께 늙어 가기 때문에 자신의 노후 생활비는 물론, 부모의 노후 생활비까지 자식이 준비해야 하는 상황이 올 수 있다. 그런데 요즈음 젊은 사람들에게 부모님을 모시고 살 거냐고 물으면 아마 대부분 모시기 힘들다고 대답할 것이다. 한마디로 앞으로 자녀들에게 기댈 생각을 했다가는 낭패 보기 십상이란 뜻이다.

부모가 90세까지만 산다 해도 자녀가 60세 이상일 가능성이 높은데, 그렇게 되면 먹고사는 문제를 해결하는 것이 가장 중요한 당면 과제일 수밖에 없다. 이렇기 때문에 부모 입장에서 자녀의 부담을 덜어 주기 위해서라도 스스로 노후 준비를 해야만 할 것이다.

여섯째, 여성 중심의 노후 준비가 필요해진다.

보통 우리나라 남녀의 평균수명 차이는 6~7세로 여자가 남자보다 오래 살고, 결혼한 부부의 나이 차이는 보통 3~4세로 남편이 아내보다 많다(최근에는 연상 아내와 연하 남편이 결혼해서 사는 경우도 많아지는 추세이다). 남녀의 평균수명 차이를 7세라고 가정해서, 여기에 초혼 연령 차이 3세를 더하게 되면 여자 혼자서 살아가야 하는 기간이 10년 정도 된다는 것을 알 수 있다. 즉 남편을 여의고 10년 동안 혼자 살아가야 하는 아내가 많아진다는 이야기이다. 바로 이 10년을 고려한 노후 준비가 필요한 것이다.

현실이 이럼에도 불구하고 국민의 노후를 책임지게 될 연금 체계는 대부분 남성 중심으로 유지되고 있다. 예를 들어 국민연금에서 제대로 된 노령연금을 수령하려면 20년 이상의 가입 자격을 유지해야 하는데, 이러한 자격을 갖추고 있는 사람은 대부분 직장을 다니고 있는 남성들이라는 점이다.

각종 고시 합격생들 중 여성의 비율이 절반을 넘어가고, 여성의 경제활동 비율이 엄청 늘어나고 있지만, 아직까지 여성의 경우에는 육아나 자녀교육 문제로 직장을 유지하기가 어려운 것이 현실이다.

개인연금도 상황이 비슷하다고 볼 수 있는데, 더군다나 개인연금은 세액공제를 받으려고 가입하는 경우가 많다 보니 전업주부의 개인연금 가입은 좀처럼 찾아보기가 힘들다. 오래 살 확률이 높은 쪽은 여성인데도, 연금 준비는 대부분 남성을 중심으로 이뤄지고 있는 셈이다.

따라서 인생 100세 시대에는 남자보다 더 오래 사는 여자를 중심으로 노후 준비가 이루어질 필요가 있는 것이다.

결국 새로운 삶의 방식이 요구되는 시대를 살기 위해서 우리에게 전반적인 변화가 필요해지고 있다.

"마흔 살은 젊은 나이다. 쉰 살 먹은 사람은 나이 든 젊은이다."

우리에게 『레미제라블』로 친숙한 빅토르 위고의 말이다.

그런데 비록 아직은 젊지만, 씨를 뿌리지도 못한 채 너무 빨리 늙어버린다면 노년에 가치 있는 작물을 얻지 못할 것이고, 외로움과 후회만 밀려올지도 모른다.

지금 우리의 삶 속에서 이루어지는 선택과 결과의 축적이 바로 노후라는 점을 잊지 말아야 한다.

세계에서 가장 빨리
늙는 대한민국

"나태함은 모든 것을 어렵게 만들고, 근면은 모든 것을 쉽게 만든다."

- 벤자민 프랭클린(미국의 정치가)

앞으로 우리나라 자산시장의 3대 키워드는 저출산·저성장·저금리가 될 것이다. 특히 저출산과 고령화는 동전의 양면과도 같은데, 일반적으로 저출산은 고령화를 촉진시키고 고령화는 저출산을 낳기 때문이다.

우리나라는 세계에서 가장 빠른 속도로 늙어 가는 사회이면서 동시에 세계에서 가장 아이를 낳지 않는 사회이다. 통상 국가 간 출산율을 비교할 때 '합계출산율'을 보는데, 합계출산율이란 여성 1명이 평생 동안 낳는 평균 출생아 수를 의미한다.

유럽경제위원회(ECE)에 따르면 합계출산율이 2.1명이면 인구가 줄지도 않고 늘지도 않는다고 하는데, 다시 말해 이 말은 인구가 그대로 유지되려면 합계출산율이 2.1명은 되어야 한다는 것이다.

그렇다면 우리나라의 합계출산율은 어떨까? 2명은커녕 1명에 가까운 수준으로 OECD 국가들 중에서도 최하위에 가깝다. 한마디로 우리나라는 세계적인 초저출산 국가인 것이다. 참고로 우리나라의 합계출산율이 2.1명 이하로 떨어지기 시작한 것은 2.08명을 기록한 1983년부터이다.

우리나라의 출생아 수 및 합계 출산율

출처 : 통계청

대한민국은 이미 고령사회

20여 년 전인 1960년대만 해도 우리나라의 합계출산율은 정확히 6명이었다. 집집마다 5남매, 6남매, 7남매였단 말이다. 그러니까 그 당시에는 부모를 포함해 한 집에 7~8명이 바글바글 모여 살았던 것이다.

그런데 지금은 어떤가. 한 집에 자녀 한 명씩 키우고 있지 않은가. 그리고 50, 60년대 태어났던 사람들은 이제 노인이 됐거나 곧 노인이 된다. 그러니 노인들이 급증할 수밖에 없다.

이와 같이 아이는 적게 태어나고 있는데, 인생 100세 시대가 열리면서 사망하는 노인들은 줄어드니까 우리나라 인구 구조는 늙어 갈 수밖에 없는 것이다.

국가의 전체 인구 중 65세 이상의 노인이 차지하는 비율이 7% 이상인 사회를 고령화사회라고 부르고, 14% 이상이면 고령사회, 20% 이상이면 초고령사회로 분류하는데, 우리나라는 이미 2000년에 65세 이상 노인 수가 전체 인구의 7.2%를 차지해 고령화사회에 진입했고, 2017년에는 14.02%로 고령사회에 진입했다. 그리고 특별한 대책이 없는 한 2026년에는 일본과 비슷한 초고령사회로의 진입이 확실시되고 있다.

65세 이상 인구 비중 추이

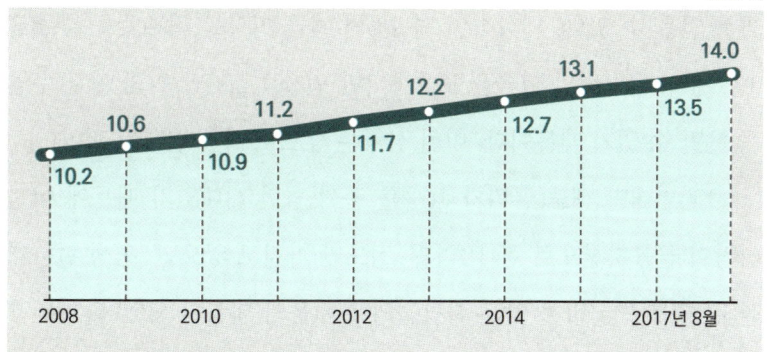

(단위 : %)

출처 : 행정안전부

고령사회 진입에 따른 영향

그렇다면 이러한 현상들은 우리의 미래에 어떤 영향을 끼칠까?

우선 세계에서 가장 빠른 고령화로 인해 복지 비용이 증가하고 이에 따라 정부 재정이 악화될 가능성이 높다. 또한 고령자 인구가 증가함에 따라 전반적인 소비시장이 위축될 수 있고, 노동인구 감소로 경제성장률 또한 점차 하락할 수 있다.

그뿐만이 아니다. 저성장 시대에는 일자리가 줄고, 소득 증가가 어려워질 것이다. 고성장은 시장의 파이를 키우지만, 저성장은 치열한 경쟁을 낳기 때문이다. 결국 꾸준한 소득을 올릴 수 있는 일의 가치가 더욱 높아지게 될 것이다.

이 말은 저출산·고령화와 맞물려 오래 일하는 사람이 경제적인 측면에서 훨씬 유리한 위치에 서게 된다는 뜻이다. 다시 말해 은퇴 후에도 건강한 노동력을 가진 사람이 우위에 서게 된다는 이야기이다.

그래서 예를 들어 퇴직 후에도 일을 해서 매월 100만 원의 수입을 올릴 수 있는 사람은 6억 원의 현금자산을 보유한 것과 마찬가지 효과를 얻을 수 있다. 왜냐하면 연 2%의 예금 이자를 적용했을 때(세금 고려 없이) 6억 원의 현금을 보유해야만 연간 1,200만 원의 이자 수입을 올릴 수 있기 때문이다. 이런 상황은 앞으로 더욱 심화될 것이다.

1990년대만 해도 금리가 10%를 훌쩍 넘던 시대였기 때문에 어떤 사람이 금융자산으로 한 10억 원 정도만 가지고 있으면 '평생 편하게 살 수 있겠구나'라며 많은 사람들의 부러움의 대상이 되었다. 매년 1억을 이자로 받을 수 있었으니까 말이다. 그런데 최근엔 금리가 2%도 안 되다 보니 은행에 10억 원을 넣어 놔도 이자가 연 2,000만 원이 되지 않는다.

또한 이율이 2%인 예금에 100만 원을 넣었을 때, 200만 원이 되려면 대략 36년이 걸린다. 다시 말해 원금이 두 배가 되는 데 걸리는 시간이 거의 40년 가까이 된다는 말이다. 이러니까 예금 가입자들은 답답할 수밖에 없다. 그렇다고 덜컥 투자를 하려니 가지고 있던 돈마저 잃을까 봐 겁도 나고, 안 해 보던 것이라서 쉽지도 않다.

예전에 한창 경제가 성장할 시기에는 레버리지 투자가 유행이었다. 쉽게 말해 8%로 돈을 빌려 15% 수익이 나면 이것저것 비용을 제외해도 꽤 이익이 남으니까, 너도나도 대출을 받아 집도 사고 아파트에 투자하고 그랬던 것이다.

그런데 요즈음에는 빚내서 투자해 봤자 수익률이 나오질 않으니까 대출받아 투자하는 경우를 거의 볼 수 없다. 우연히 주식 등에 투자해서 좋은 수익률을 거둘 수도 있겠지만, 마이너스 손실을 크게 보게 되면 쫄딱 망하는 것이다. 원금도 까먹고 빚도 갚아야 되고 이자도 물어야 되니까 말이다.

그래서 어떤 은퇴자가 은행에 10억 원은 없어도 매달 160만 원 정도의 수입을 얻을 수 있는 일자리를 가지고 있다면 상대적으로 든든할 수밖에 없을 것이다. 건강한 몸으로 일을 하게 되면 이자에 맞먹는 수입을 얻을 수 있기 때문이다.

이처럼 저출산·저성장·저금리 시대에 왜 오래 일하는 것이 더욱 나은 생활을 기대할 수 있게 하는 것인지 잘 알 수 있다. 그만큼 자신의 인적 자산의 가치를 높이는 것이 인생 100세 시대를 제대로 살기 위한 꼭 필요하면서도 중요한 화두라고 볼 수 있다.

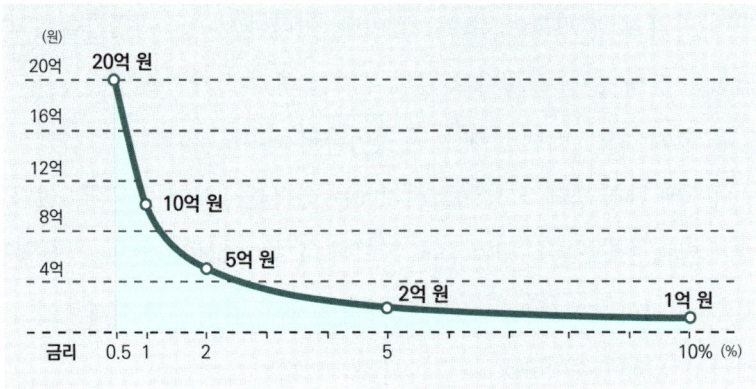

연 이자소득 1,000만 원을 내는 데 필요한 금리별 금액

또한 이와 같은 저금리 시대에서는 기대수익률을 낮춰야만 한다. 결국 기대수익률 하락은 목표 금액을 마련하기 위해 투자되어야 할 총 기간을 연장시키는 결과를 가져올 것이다.

만약 향후 수십 년간 예금금리 1%대를 유지한다고 가정하면 우리는 더 많은 자금을 더 오랜 기간 동안 금융기관에 맡겨 둬야만 목표한 수익을 거둘 수 있게 된다. 또한 예금처럼 운용되는 채권, 보험 등 거의 모든 금융상품의 수익률도 유사한 비율로 낮아질 위험에 처하게 될 것이다. 이는 고령사회를 맞아 은퇴 후 더욱더 많은 자금을 필요로 하는 일반인들에게 치명적일 수밖에 없다. 즉 이처럼 목표 금액을 위한 투자 기간이 길어지거나 늦춰진다면 저축 금액을 늘려야만 한다는 얘기인데, 저성장으로 인해 소득 증가가 어려워지기 때문에 이마저도 힘들 수밖에 없다.

그리고 앞서 말한 것처럼 과거 고성장 시대에는 일정 정도의 부채를 얻어 레버리지 투자를 하는 것이 효과적으로 보일 때가 많았다.

'빚 없는 사람이 어디 있느냐?'고 말하는 게 부채를 대하는 일반적인 태도였다고 말할 수도 있었다.

하지만 저성장으로 인해 소득과 일자리 창출력이 떨어지고, 저출산·고령화로 기존의 축적된 자산을 바탕으로 새로운 현금 흐름을 만들어 내야만 하는 상황에서는 부채를 이용하는 투자가 자칫 큰 위험을 초래할 수 있다.

따라서 이와 같은 저출산·저성장·저금리 시대에는 전반적인 삶의 눈높이를 낮추고 부채 없는 삶을 지향할 필요가 있다.

이런 현상들은 과거에는 보기 힘들었던 것들이다. 그래서 미래 설계를 중요시하는 국민들은 저출산과 저성장, 그리고 저금리 현상을 피할 수 없는 환경이라고 인정하고, 이제는 금리의 추가 하락에 대비해 지금과는 다른 대책을 생각해 봐야 하는 것이다.

어쩌면 우리는 나이가 들어도 은퇴를 미루고 오랜 시간 일을 해야 할지도 모른다. 하지만 경제 환경이 어떻게 되든 상관없이 '근면과 절약'이라는 창과 방패를 갖춘다면, 적어도 나와 내 가족은 지킬 수 있지 않을까?

100세 시대,
꼭 필요한 것은 무엇일까

"교육은 그 이상의 가치를 가진다."

- 랄프 왈도 에머슨(미국의 사상가 겸 시인)

100세 시대에 가장 필요한 것이 무엇일까?

가장 기본적으로 물질적인 준비가 선행되어야 한다는 점에 모두 동의할 것이다. 오래 살게 된 만큼 그에 따른 생활비도 더 많이 필요할 것이기 때문이다. 그래서 이제 재정적인 준비 없이 장수를 맞게 된다면 자칫 축복이 아닌 재앙이 될 수도 있다. 물질이 전혀 뒷받침되지 않은 상황에서는 오래 사는 것이 오히려 비참한 현실의 연속일 테니까 말이다.

이 같은 현실을 반영한 것인지 여성가족부 조사에 의하면 대부분의 사람들은 노후에 가장 필요한 것으로 '경제력'을 꼽았다. 53.7%가 노후에 가장 필요한 것 1순위로 경제력을 꼽았고, 그다음으로 건강을 중요하게 생각했다.

그렇다면 경제력을 노후에 가장 필요한 것으로 인식하고 있는 만큼 그에 대한 준비도 잘 하고 있을까?

아쉽게도 노후를 위한 경제적 준비 정도는 인식과는 상당한 차이를 보였다. 노후를 위한 경제적 준비 여부를 묻는 질문에 절반도 안 되는 42%가량의 사람들만이 준비를 하고 있다고 응답했다.

절반 이상의 사람들이 노후에 필요한 것이 경제력이라고 생각하고 있지만, 정작 현실은 절반 이하의 사람들만이 준비를 하고 있다는 얘기이다. 인식과 현실 사이에 꽤나 큰 괴리가 존재하고 있는 셈이다.

그나마 주택연금 도입으로 부동산을 활용해 노후를 준비할 수 있는 방법이 생기기도 했지만, 부동산 비중이 다른 나라에 비해 과도하게 높다는 사실은 여전히 노후 준비에 큰 걸림돌이 아닐 수 없다.

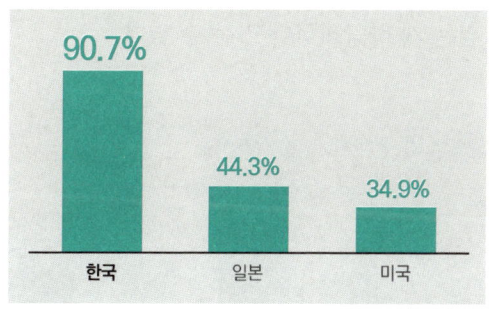

출처 : 한국은행, 통계청

노후, 잘 준비되고 있나

노후 준비란 게 절대적 기준이 있는 것이 아니다 보니, 각자의 판단에 따라 '노후를 준비하고 있다' '준비하지 못하고 있다'라고 대답을 했을 것이다. 그래서 실제로 깊이 들여다보면 노후 준비가 안 되어 있는 사람들의 비율이 훨씬 높을 것이다.

더군다나 전체 자산 중에서 부동산의 비중이 상당히 높은 편인 우리나라는 대다수 사람들이 아파트 한 채 가지고 있는 게 자산의 전부라고 할 수 있을 정도이다. 그 외에 노후에 연금소득으로 연결할 수 있는 금융자산을 얼마나 가지고 있는지 따져 보면 부동산에 비해 극히 미미한 수준이다 보니 결국 주택연금이 대안으로 떠오르게 된다.

그런데 주택연금 자체가 역모기지론의 형태를 갖고 있다 보니 내가 내 돈 내고 연금으로 받는 것보다 손해일 수 있다. 게다가 자격 요건도 갖추어야 하고, 한도 또한 주택 가격만큼 모두 부여되는 것도 아니다. 어차피 금융자산이 준비 안 된 사람들은 그냥 집 한 채만 가지고 있다면 대안적 성격이나 편의성 측면에서 주택연금이 좋지만, 이왕이면 부동산 비중을 점차 줄이고, 연금소득으로 연결할 수 있는 금융자산 비중을 늘리는 게 바람직하다고 볼 수 있다.

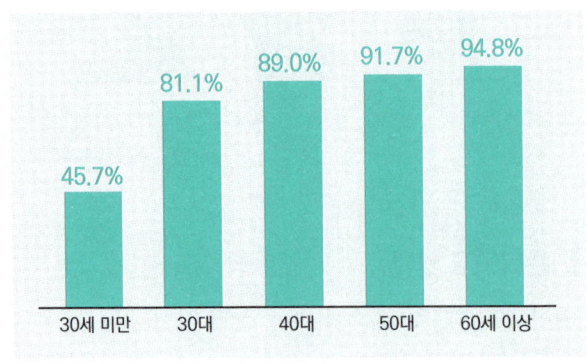

출처 : 한국은행, 통계청

그렇다면 우리나라 사람들이 생각하는 노후에 필요한 자금은 대략 얼마일까?

우리나라 최대의 연기금 운용기관인 국민연금공단의 조사에 따르면 대략 부부 기준으로 월평균 200만 원가량의 생활자금이 필요한 것으로 나타났다. 물론 사람들의 의식수준이나 생활수준에 따라 많게 느껴질 수도 있고 적게 느껴질 수도 있다. 하지만 이 금액을 기준으로 자신의 현재 모습을 진단해 보는 데에는 크게 무리가 없어 보인다.

200만 원 정도면 생활이 될까

생활비 200만 원은 부부를 기준으로 한 통계인데, 서울이냐 지방이냐에 따라 물가 차이도 있고 해서 필요 생활자금 수준이 좀 달라질 수 있을 것이다. 서울도 강남이냐, 강북이냐에 따라 약간 차이가 나는 것처럼 말이다. 그리고 아이들 사교육비 같은 양육비를 제외하면 이해가 가는 정도의 수준이다.

문제는 노후에 매달 200만 원의 생활비를 조달하려면 미리 준비해야 될 금액이 상당하다는 것이다. 현재만 놓고 볼 때, 국민연금 80~90만 원에 퇴직연금을 더해 봐야 110~120만 원 수준에 불과하다. 게다가 국민연금은 앞으로도 수령 조건이나 방식이 바뀔 가능성이 높기 때문에 젊은 사람들 같은 경우에는 더 적은 금액을 받게 될 것이다.

참고로 노령연금(국민연금을 납부한 사람이 60세 이상, 즉 노령에 도달했을 때 지급받게 되는 연금)의 경우 예상 수령액이 20년 이상 납입하더라도 88만 4,210원에 불과하고, 10년 이상 20년 미만 시는 39만

7,490원으로 절반 이하로 뚝 떨어진다.

더군다나 직장인의 퇴직금 지급 방식이 퇴직연금 제도로 바뀌면서 많은 회사에서 중간 정산을 했다. 그래서 나중에 퇴직할 때 받을 금액이 예상보다 훨씬 적어지는 경우가 많을 것이다. 그렇다고 개인연금은 잘 붓고 있느냐 하면 또 그렇지도 않다. 대다수가 주거비나 자녀교육비를 감당하느라 연금 채워 넣을 돈이 거의 없다.

적정 노후 생활비

	부부		개인	
	최소	적정	최소	적정
50대	193만 3,000원	260만 7,000원	114만 4,000원	158만 9,000원
60대	166만 7,000원	228만 2,000원	100만 2,000원	140만 4,000원
70대	146만 3,000원	201만 3,000원	88만 7,000원	124만 9,000원
80대 이상	137만 5,000원	191만 5,000원	81만 6,000원	116만 8,000원
전체	174만 1,000원	236만 9,000원	104만 원	145만 3,000원

출처 : 국민연금공단

한 가지 더 덧붙이자면, 이와 같은 인식 제고를 위해 제대로 된 노후 준비 교육이 모두에게 필요하다고 볼 수 있다.

한 연구기관에서 서울 및 수도권 내 55세 이상 은퇴자 500명을 대상으로 은퇴 준비 과정 및 생활 실태를 조사·분석했는데, 그중에서 은퇴 관련 교육 현황을 보면 우리나라 은퇴자들의 은퇴 준비 교육 경험은 사실상 전무한 수준으로, 조사 대상자의 3%만이 은퇴 준비 교육 경험이 있는 것으로 조사되었다. 이는 97%의 은퇴자가 은퇴 이전에 은퇴 준비와 관련된 교육을 전혀 받아 보지 못했다는 뜻이다.

아울러 은퇴 준비 교육 경험자들조차 평균 1.7회 정도의 은퇴 교육을 받은 것이 전부인 것으로 조사되었고, 절반은 단 1회밖에 은퇴 교육을 받지 못했다고 답하였다.

은퇴 준비 교육에 대한 경험 여부

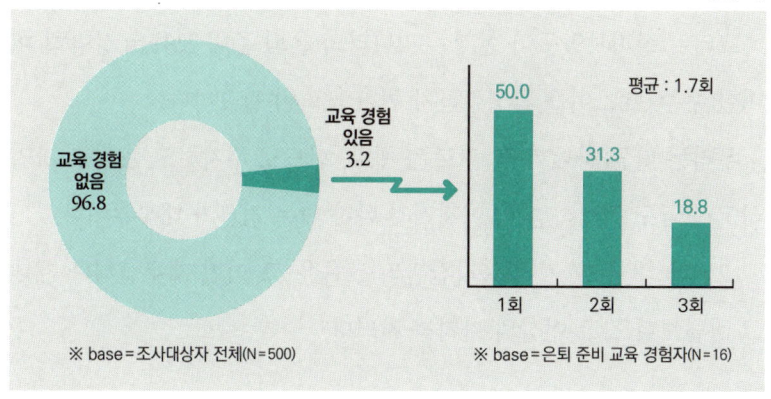

출처 : 미래에셋퇴직연금연구소

반면에 은퇴 준비 교육 경험자의 대부분은 은퇴 준비 교육에 대해 상당히 긍정적인 평가를 내렸는데, 은퇴 준비 교육 경험자의 70%가량은 은퇴 준비 교육이 '실제 은퇴 준비에 도움이 되었다'고 답했으며, 이 중 6%는 '매우 도움이 되었다'고 답했다.

이는 은퇴 준비 교육을 보다 적극적으로 확대할 필요가 있음을 보여 주는 결과라 할 수 있다.

이처럼 은퇴 준비 교육은 개

은퇴 준비 교육의 은퇴 준비 시 도움 정도

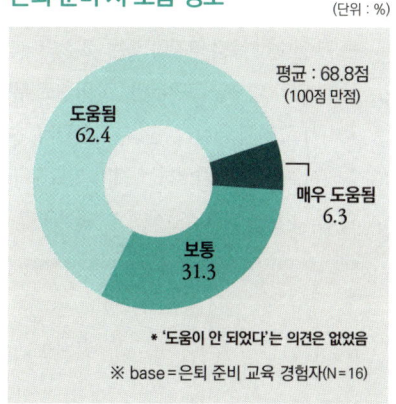

출처 : 미래에셋퇴직연금연구소

인의 적극적인 은퇴 준비를 유도함으로써, 만족스러운 은퇴 생활을 영위하는 데 상당히 긍정적인 역할을 할 수 있다. 즉 은퇴 준비 교육의 활성화는 성공적인 은퇴에 다가서기 위한 첫 단추가 될 수 있는 것이다.

그러나 살펴보았듯이 현재 우리나라의 은퇴 준비 교육은 상당히 미미한 수준으로, 이를 활성화하기 위한 노력이 필요하다.

우리는 다들 하니까 잘 모르는 채로, 펀드도 투자하고 보험도 가입하고 연금도 적립하면서, 이것저것 따라 하는 경우가 대부분이다.

그러나 내 돈을 지키는 자산관리 교육은 그 어떤 재무설계나 재테크 상담보다도 그 이상의 가치를 지닌다.

은퇴 준비 교육에서 배우는 것들

우리나라의 은퇴 준비 교육은 주로 재테크나 자산관리 교육인 경우가 많다. 일단 경제력이 중요하다 보니 그럴 수밖에 없기도 하거니와 주로 금융회사에서 은퇴 준비 교육을 실시하다 보니, 자연히 재테크 쪽으로 흘러갔던 이유도 있다. 하지만 은퇴라는 게 단순히 돈만 따져야 되는 것은 아니다.

'정말 내가 회사를 그만두면, 그 이후로 무얼 하고 살아야 할 것인가?'라는 문제를 진지하게 고민해 재취업, 창업, 자산관리, 여가, 봉사, 학업, 귀농귀촌 등 진로에 대해 다양하고 폭넓게 탐색하는 것이 필요하다. 그래서 이런 다양한 분야의 전문가를 통한 좀 더 넓은 의미의 은퇴 준비 교육이 필요하다.

Chapter 2

라이프사이클과 노후자금 만들기

라이프사이클
= 돈

"1년에 20파운드를 벌어 19파운드 6펜스를 쓴 사람에게 남는 건 행복이다.
똑같이 1년에 20파운드를 벌었지만
20파운드 6펜스를 쓴 사람에게 남는 건 고통이다."

- 찰스 디킨스(영국의 소설가)

우리 인간의 생애는 표준적인 가정생활에 맞추어 보면, 보통 출생·성장·결혼·육아·노후의 과정을 거치게 된다. 이를 인생 주기, 라이프사이클(life cycle)이라 부른다.

이 같은 라이프사이클, 즉 우리가 태어나서 죽을 때까지 생활하는 데에는 항상 돈이 필요하다. 물론 어릴 때는 부모님의 보살핌으로 살아가기 때문에 돈의 의미나 돈과 인생의 관계에 대해 깊이 고민하지 않아도 된다. 하지만 성년이 되고 경제적으로 독립하여 자신의 인생을 살아 나가려면 돈과 인생의 관계를 제대로 파악하고, 이를 해결해야만 한다.

우리의 인생 주기를 보면, 대개 부모에게 경제적으로 의존하던 아동기를 지나 성인이 되면 본격적으로 경제적인 독립이 시작된다. 그리고 이후로는 취업을 통해 소득을 얻게 되면서 경제적으로 완전히 독립을 할 수 있게 된다.

또 미혼기를 거쳐서 결혼을 하게 되면 이제 가정을 이루게 되고, 그때부터는 개인이 아닌 자신의 가족을 책임지게 된다. 중요한 것은 이와 같은 라이프사이클에 따라 살다 보면 개인과 가계의 자산 상태에 상당한 변화가 있다는 사실이다.

이를 살펴보면 전 생애에 걸쳐 일반적으로 개인의 지출은 증가하다가 결국 일정 수준으로 유지되지만, 개인의 소득은 중년기에 가장 높은 수준을 그리다가 노년기로 갈수록 낮아지게 된다.

이런 점에 주목해 1985년 노벨경제학상을 수상한 프랑코 모딜리아니는 '인생주기 가설'을 고안해 냈는데, 인생을 5단계, 즉 출생·성장·결혼·육아·노후로 구분하고 거기에 맞는 대비를 해야 한다고 주장했다.

45세 전후로 은퇴 준비를 한다면

이를 우리 삶에 적용해 본다면 어떨까?

20~30세까지는 주로 부모의 도움을 받아 성장하고 교육을 받는 시기이다. 그리고 이 시기는 사회에 첫발을 내디딘 후, 소득생활을 시작하여 자산을 형성해 나가는 첫 시기라고 볼 수 있다.

또 30~40세는 어떤가? 결혼하고 자녀를 출산한 다음 양육하고 교육하는 등 소비가 왕성하게 증가하는 시기다. 아울러 사회생활을 하기 때문에 소득도 함께 증가하여 어느 정도의 자산을 형성하고 증식시킬 수 있는 시기이기도 하다.

40~50세는 어떤가? 소득만 놓고 본다면 최고의 정점에 도달한다고 볼 수 있겠지만, 곧 이어질 퇴직으로 인해 소득 단절이 예상되므로, 가진 자산을 잘 지키고 보존해야 하는 시기이다.

마지막으로 50~60세 이후는 어떤가? 한마디로 은퇴 후의 삶을 즐기면서, 인생을 천천히 정리해 나가는 시기라고 볼 수 있다.

하지만 최근 고령화와 함께 은퇴 후의 삶이 전반적으로 10년 이상 길어지고 있고, 또 저출산으로 인해서 자녀들이 부모 부양을 책임지기 힘든 상황으로 이어지고 있는 만큼, 경제활동을 열심히 할 수 있는 20~50세 사이의 자산관리 능력에 따라 은퇴 후 30년간 어떤 삶을 누릴지 결정된다고 봐도 무방해 보인다.

특히 한창 경제활동을 하느라 바쁜 20~50세 사이에는 결혼, 자녀 양육, 내 집 마련 등 많은 경제적 이슈들이 발생한다. 따라서 이 시기에는 경제적 독립과 함께 가족을 부양하고, 은퇴 후에 먹고살 수 있는 돈까지 벌어야 한다. 그렇기 때문에 경제활동 능력뿐만 아니라, 돈을 불리고 관리하는 능력도 매우 필요하고 중요하다고 말할 수 있다.

결국 이 시기에는 삶을 살아감에 있어서, 반드시 필요한 재무적인 숙제들을 정해야 한다. 또한 그것을 해결할 수 있는 방법을 면밀히 찾아보고, 이를 꾸준히 실천해 나가야 하는 것이다.

또한 100세 시대에는 경제활동 기간보다 은퇴 이후의 기간이 더 길어지게 된다는 점을 잊어서는 안 된다. 이는 곧 적어도 경제활동 시기에 비례해 은퇴 이후의 삶을 책임질 수 있을 만큼 돈을 모아야 한다는 이야기이다. 즉 은퇴 이후에 한 달 동안 살아갈 돈은 경제활동 시기의 한 달 수입에서 떼어 놓아야 한다는 뜻이다. 그런데 만약 은퇴 이후에 대한 대비를 45세 이후로 시작하게 된다면 어떨까?

20~30대에 미리미리 준비하지 못했기 때문에 당연히 경제활동 시기의 한 달에 은퇴 이후의 두 달을 책임질 수 있을 만큼의 돈을 저축해야만 한다. 이처럼 은퇴 준비가 소홀해진다면 어려운 노후를 보내게 되거나 높은 수익률을 쫓아 무모한 투자를 하게 될 위험성이 커지게 마련이다.

따라서 경제활동 시기에 달성해야 할 경제적 목표들을 잘 수행해 내기 위해서는 그에 따른 계획과 꾸준한 실천이 중요하다.

우리나라 성인 남성 기준으로 보통 경제적 독립을 하게 되는 시기가 대학과 군 복무를 마친 후인 20대 후반이라고 볼 수 있는데, 동시에 이 시기부터 은퇴까지 약 30년간 인생의 중요한 일들이 대부분 결정되거나 발생한다. 그렇다면 경제적 성년인 20대 후반부터 경제적 은퇴기인 50대 중반까지 각 연령대별로 발생하는 커다란 경제적 이슈들에는 어떤 것들이 있을까? 이를 파악하고 준비해야 할 것들을 잘 살펴두는 것이 매우 중요하다.

인생의 수입 곡선과 지출 곡선

인생의 수입 곡선은 대개 경제적 능력이 생기는 20대 중후반부터 은퇴기에 해당되는 55~60세까지 꾸준히 증가하는 편이다. 사회 초년생 시기에는 상대적으로 수입이 적은 편이지만, 점차 사회적인 기반을 잡아 가면서 점점 수입이 늘어나게 되는 것을 보여 준다.

반면 지출 곡선은 어떤가? 지출 역시도 수입 곡선과 마찬가지로 자녀가 대학에 입학하거나 결혼하는 시기 즈음까지는 지속적으로 상승하고, 자녀가 독립하게 되면 지출이 감소하게 된다.

결국 수입 곡선과 지출 곡선을 전체적으로 비교해 보면 나이가 들어감에 따라 자연히 수입도 늘어나게 되지만 이와 비례해 씀씀이도 점점 커지게 되고, 특히 자녀 교육비나 결혼 지원 등으로 지출이 늘어나면서 결과적으로 경제적 은퇴기 이후에는 수입보다 지출이 커지게 됨을 알 수 있다. 그래서 은퇴 이후에 의도치 않게 적자 가계를 꾸려가게 될 가능성이 높아진다.

그러므로 수입이 지출보다 많고 라이프 사이클상 커다란 지출이 발생하지 않는 시기에 해당하는 30~40대에 반드시 재산을 모으고, 은퇴 기반을 마련하는 것이 매우 중요하다고 할 수 있다.

라이프사이클에 따른 소요 비용

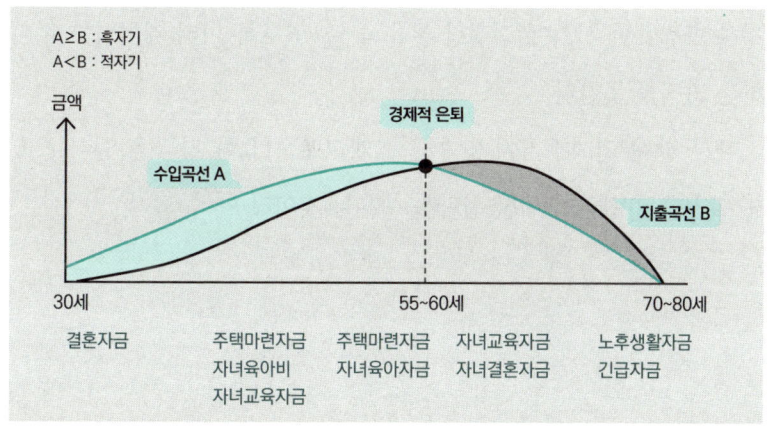

출처 : 금융감독원

결국 20대 중후반부터 30대 초중반까지, 그러니까 사회에 진출하고 나서 아이들에게 교육비가 들어가기 전까지가 돈을 모으기에 가장 좋은 시기인 셈이다. 물론 결혼하고 나서 내 집 마련이나 전세자금처럼 목돈이 들긴 하지만, 전반적인 인생의 사이클을 봤을 때 그 시기에 열심히 모으면 자산을 불릴 기회를 만나게 되는 것이고, 그 시기를 놓치면 돈 불릴 기회가 잘 오지 않는다는 것이다.

대체로 40대를 넘어가기 시작하면서 소득도 높아지긴 하지만, 자녀들 교육비에 허덕인다. 이는 "나는 자녀 교육비에 올인하지 않겠다" "나는 자식을 그렇게 학원만 돌아다니게 하지 않겠다"라고들 하다가도 옆집 철수 엄마도 하고, 앞집 영희 엄마도 하는데, 나만 손 놓고 있을 순 없다는 심리가 작용하기 때문이다.

결국 이런 것들을 해결하기 위해서는 라이프스타일에 따른 재무설계가 필요하다.

일반적으로 재무설계는 미래의 불규칙한 돈의 흐름을 예측하고 조정하여 필요한 시기에 적절한 돈을 쓸 수 있도록 미리 계획하고 준비하는 과정을 뜻한다.

다시 말해 인생주기에 맞게끔 그때그때 필요한 자금을 알아보고, 또 그것을 마련하기 위한 전략을 세우는 것이라 할 수 있다.

스스로 하는 재무설계

흔히들 보험설계사를 재무설계사라고도 하는데, 보통 보험회사에서 재무설계 방법들을 많이 가르쳐 주는 편이다. 자사 설계사들을 잘 교육해야 고객들에게도 좋은 서비스가 될 테니까 말이다.

그런데 양심적이고 실력 있는 설계사들도 있지만, 문제는 그 수가 많지 않다는 것이다. 우리나라의 보험 설계사가 대략 40만 명 정도 되는데, 그들이 모두 전문적인 지식을 갖췄다고 보긴 어렵다.

재무설계를 해 줄 정도의 실력을 갖추려면 적어도 수년 이상 공부하고 경력을 쌓아야 하는데, 보험설계사 같은 경우 1년 이내에 그만두는 경우가 너무 많고, 이직률도 대단히 높은 편이라서 오랜 경력을 갖추고 높은 지식수준을 보유한 설계사를 만나기가 어렵다.

더군다나 대부분 지역별로 영업을 하기 때문에 전문적인 설계사를 보기가 더 힘들 수 있다. 자연히 대부분의 재무설계가 제대로 된 설계라고 하기에는 무리가 따를 수밖에 없는 실정이고, 결국 재무설계가 아닌, 보험설계나 금융상품 판매를 위한 미끼에 지나지 않을 수 있다.

그나마 양질의 재무설계를 직접 해 볼 수 있는 방법으로는 금융감독원의 참 쉬운 재무진단(http://edu.fss.or.kr/fss/edu/pfms/com)이 있다. 인터넷상으로 본인의 재무상태를 입력하고서 무료로 진단을 받는 서비스인데, 상업적인 목적이 없으며, 금융상품 판매를 하지 않는다는 점에서 누구나 한번쯤 쉽게 해 볼 만하다.

무엇보다 중요한
재무 이슈들

"삶은 불충분한 가정에서 충분한 결론을 끌어내는 기술이다."

- 사무엘 버틀러(영국의 소설가)

우리가 인생을 살아가면서 수입과 지출에 변화를 가져오는 요인 중에 가장 크고 중요한 재무 이슈들을 꼽으라면 결혼과 자녀 양육, 그리고 내 집 마련이라고 할 수 있다. 그것을 위해 우리는 대체 얼마나 지출하고 있을까?

보건복지부 자료에 의하면, 평균 결혼 비용이 남성 7,545만 원, 여성 5,226만 원에 이른다는 조사 결과가 나왔다. 특히 여성의 결혼 비용이 점차 급증하고 있는데, 그 이유는 남성과 여성이 함께 주택 비용을 마련하는 사회적 분위기로 인해 생긴 결과로 분석된다.

이처럼 결혼 비용이 상당하지만 실제로 당사자가 내는 금액은 남성 38.6%, 여성 41.5%에 머물렀다. 이는 부모가 꽤 많은 부분을 챙겨 준다는 뜻이다.

이로 인해 '결혼이 꼭 필요하지 않다'는 미혼 남녀가 늘어났는데,

미혼 남성 중 '결혼이 필요하다'는 의견은 67.5%로 이전보다 줄었고, 결혼 필요성에 공감하는 미혼 여성도 56.7%로 역시 감소했다.

아무래도 집 장만 등 결혼에 드는 비용이 계속 늘어나다 보니, 이에 대한 부담으로 청년들이 결혼을 미루거나 아예 포기하는 경향이 생기면서 나타나는 결과가 아닌가 싶다.

결혼 비용, 어떻게 줄일까

삼포세대는 옛말이 됐고, 이제는 오포를 지나 육포, 칠포, N포까지 나왔다. 연애, 결혼, 출산 포기에 이어, 내 집 마련, 희망직업, 인간관계, 꿈까지 포기하라고 하니 요즘 청년들에겐 참으로 가혹하다는 생각이 든다.

그럼에도 배우자와의 멋진 삶을 꿈꾸며 결혼을 하고자 하지만, 이 역시 비용이 만만치 않다. 그렇다면 이 부담되는 결혼 비용을 어떻게 하면 줄일 수 있을까?

필자가 결혼할 당시에도 스튜디오, 드레스, 메이크업, 일명 '스드메' 비용도 만만찮고 예식장 관련 비용도 상당하였다. 게다가 신혼여행까지 가려면 더 엄청났다.

그래서 아내와 상의하여 일단 예물, 예단 등 각종 부담되는 건 다 없애 버렸다. 그리고 결혼 관련 인터넷 카페 등을 뒤지고 손품과 발품까지 팔아 스드메 비용도 엄청 낮췄다. 또 예식장 비용을 낮추려면 결국 비수기에 해야 한다. 그래서 결혼식 날짜를 9월 1일로 잡고선 예식장마다 8월 비수기 가격으로 계약할 수 있도록 협상하였다. 그랬더니 거의 반 가격에 예식을 치를 수 있었다.

신혼여행 또한 비용을 아끼기 위해 가격이 상당한 여행사를 통한 신혼여행 패키지로 가지 않고, 자유여행으로 다녀왔다. 아무래도 인생에 한 번밖에 없는 여행이기도 하고, 특히 여성들의 로망이기도 하니까 대부분 최고급 빌라에 풀서비스를 꿈꿀 수밖에 없다. 그런데 그 막대한 비용은 어디서 나오는가? 결국 둘이 갚아야 할 게 뻔하다. 그러므로 비용을 최대한 줄이고 실속 있게 다녀오려면 자유여행을 가는 것이 좋다. 그러면 비행기도 숙소도 아주 저렴하게 예약할 수 있다. 그리고 이왕이면 그냥 관광, 휴양 같은 걸로 시간을 보내지 말고 이참에 바닷속도 탐험하고 스릴과 짜릿함을 만끽할 수 있는 스쿠버다이빙 자격증을 따 오면 어떨까.

자녀 1명을 키우는 데 필요한 양육비

또한 자녀 1명을 대학 졸업 때까지 키우는 데에는 총 3억 896만 4,000원의 양육비가 드는 것으로 나타났다. 월평균으로 따지면 118만 9,000원이다.

주거·광열비와 교양·오락비 등 가족 구성원 모두에 해당하는 지출 항목을 빼고 오직 자녀를 위해 쓴 식료품비와 의복, 교육비 등이 월평균 68만 7,000원인데, 이 가운데 사교육비가 약 3분의 1인 22만 8,000원으로 가장 많은 비중을 차지했고, 식료품비가 20만 4,000원으로 그 뒤를 이었다.

이 조사 결과를 바탕으로 출생부터 대학 졸업까지 총 22년간 자녀 1명에게 들어가는 비용을 추산한 것이다. 이는 재수나 휴학, 어학연수 비용은 제외한 금액이다. 시기별로는 대학교 4년간의 양육비가 7,708만 8,000원으로 가장 많았고, 다음이 초등학교 재학 기간으로 7,596만 원이나 되었다.

또한 부모가 자녀의 양육을 어디까지 책임져야 하는지에 대해서는 49.6%가 '출생부터 대학 졸업'까지'라고 답했고, 뒤이어 '혼인할 때까지'가 20.4%, '취업할 때까지' 15.7%, '고등학교 졸업할 때까지' 8.9% 등의 순이었다.

거의 절반이 자녀가 태어나서 대학 졸업할 때까지는 부모가 책임져야 한다고 생각하는 것이다.

자녀 1인당 양육 비용

자녀의 연령	양육 비용	비고
영아기(0~2세)	3,063만 6,000원	3년간 비용
유아기(3~5세)	3,686만 4,000원	3년간 비용
초등학교(6~11세)	7,596만 원	6년간 비용
중학교(12~14세)	4,122만 원	3년간 비용
고등학교(15~17세)	4,719만 6,000원	3년간 비용
대학교(18~21세)	7,708만 8,000원	4년간 비용
합계	3억 896만 4,000원	22년간 총비용

출처 : 보건복지부

충전지식

자녀 양육, 어디까지 책임져야 할까

현재 우리나라의 대학 진학률은 70%에 이른다. 대학을 졸업하다 보니 눈높이도 높아져 대부분 사무직군을 원한다. 그런데 이것이 오히려 직업 선택의 폭을 엄청 좁아지도록 하는 게 아닌가 싶다. 중소기업에서는 일할 사람이 없다고 아우성인데 말이다. 앞으로는 고졸이 우대받는 세상이 올지도 모른다.

예전에 우리 부모 세대는 먹고사는 게 우선이니까 감히 그 비싼 등록금을 낼 형편이 되지 않아 대학을 가고 싶어도 못 가는 경우가 많았다. 그래서 당시에는 대학 나온 사람들이 별로 없어 대학 나온 사람들은 대부분 사회 요직을 차지하였다. 특히 세칭 명문대를 나오면 더 그랬다. 그러다 보니 자녀들만큼은 반드시 좋은 대학을 보내야겠다는 일종의 오기 같은 게 생겨 그것이 사교육 열풍으로 이어진 것이다.

그런데 이제는 세상이 바뀌었다. 요즈음은 좋은 대학을 나왔다고 해서 취직되는 게 아니다 보니 대학 졸업장이 별 의미가 없어지고 있다. 앞으로는 취업을 먼저 하고, 공부는 나중에 하는 그런 시스템이 맞는 것 같다. 그래서 일찍부터 직업교육을 하는 것이다. 우리 자녀 세대에게 대학 진학에 대한 부담을 주는 건 더 이상 시대에 맞지 않는다.

그렇다면 마지막으로 내 집 마련 기간은 얼마나 걸릴까?

통계청이 발표한 최근 사회 지표에 따르면, 우리나라 국민이 생애 최초로 주택을 마련하는 데 걸리는 기간은 약 6.7년(2016년 수도권 기준)인 것으로 나타났다.

생애 최초 주택 마련 소요 연수

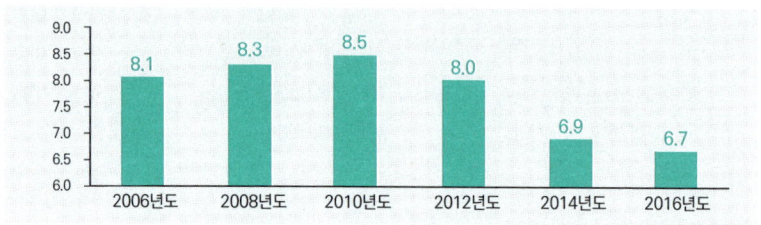

출처 : 국토교통부

통계청은 내 집 마련 기간을 2006년부터 집계하기 시작해 2년마다 발표하고 있는데, 내 집 마련 기간이 꾸준히 늘어나다가 2012년 이후로 줄어들었다. 이때는 아무래도 세계 경제 침체 이후 몇 년 동안 부동산 경기가 가라앉으면서 종전보다 집값이 크게 오르지 않아 수도권에서 내 집 마련에 걸리는 시간이 줄어든 것으로 보인다. 하지만 전국적으로 보면 중위 소득자의 연소득 대비 주택 가격 배율이 2014년의 4.7배에 비해 2016년 5.6배로 소폭 증가했다.

연도별 PIR 변화 추이

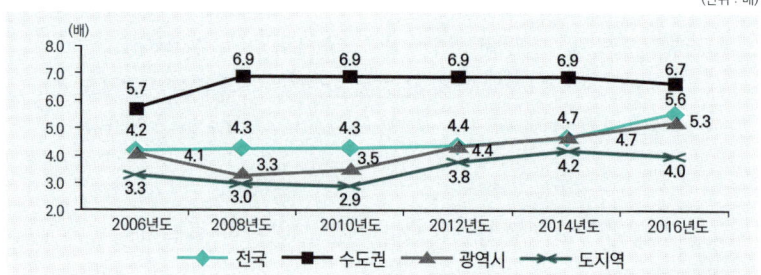

출처 : 국토교통부

연소득 대비 주택 가격 배율(PIR, Price Income Ratio)이란 연평균 소득을 반영하여 국가 평균수준의 주택을 구입하는 데 걸리는 시간을 의미한다. 예를 들어 10배라는 것은 10년 동안의 소득을 한 푼도 쓰지 않고 모두 모아야 집 한 채를 살 수 있다는 뜻이다.

그러므로 5.6배라는 것은 5년 6개월 치 이상의 연봉을 모아야만 집을 살 수 있다는 이야기다. 당연히 배율이 낮아질수록 집을 구매하기가 쉬워진다.

그런데 과연 5년 만에 내 집을 마련하는 것이 가능할까? 현실적으로 매년 버는 돈을 한 푼도 쓰지 않고 전부 다 모을 수 있는 사람은 없다. 따라서 매년 절반 정도를 주택 마련 자금으로 모아 놓는다고 해도, 최소 10년은 모아야 되는 것이다.

사회초년생일 때는 급여의 절반을 모을 수 있다 해도, 결혼하거나 아이가 생기면 절반을 모으기란 사실상 힘들다. 결국 PIR의 두세 배가 현실적으로 내 집을 마련할 수 있는 기간이라고 봐야 한다. 또한 이 수치는 수도권에서 6.7배로 더 높아진다. 따라서 서초·강남·송파 등 강남 3구가 제일 높은 수준일 것이다.

우리의 삶을 보면 모두가 불충분한 게 현실이다. 심지어 그 안에서조차 차이가 벌어져 있는 경우도 많다. 그렇다고 낙담하고 있기엔 화살 같은 시간이 너무 아깝지 않은가. 주어진 환경 속에서 최선의 결론을 끌어내는 것이 멋진 삶이 아닐까.

어떻게 노후자금을
마련할 것인가

"미리 계획하라. 노아가 방주를 만들 때에는 비가 내리지 않았다."

- 리차드 쿠싱(미국의 추기경)

　옛말에 "자식 농사만 잘 지으면 노후 걱정은 없다"는 말이 있다. 하지만 이제는 이 말이 그야말로 옛말이 되고 말았다. 요즈음은 경기 한파에 취업난까지 겹치면서 자식이 서른이 아니라 마흔이 넘도록 취업을 하지 못하는 상황이 많이 발생하고 있다. 이러한 현실을 보면 더 이상 자신의 노후를 자식에게 의존할 수 없다는 현실을 깨닫게 된다. 사실 자식뿐만 아니라 사회부양 구조에 거는 기대도 줄여야 할 것이다.

　현행 국민연금 제도의 경우 인구 감소로 인해 시간이 갈수록 개인이 부담할 납입 보험료는 점차 증가하는 반면, 은퇴 시 실제 수령하는 연금액은 줄어들 것으로 예상되기 때문이다. 따라서 보다 안정적인 노후 생활을 영위하려면 국민연금 외에 퇴직연금, 개인연금 등 추가적인 안전장치를 마련할 필요가 있다.

그런 의미에서 은퇴 설계가 갖는 의미가 매우 크다고 할 수 있다. 여기서 말하는 은퇴는 물론 직업이나 일로부터의 은퇴이지, 삶으로부터의 은퇴를 의미하는 것은 아니다.

사람에 따라 다르겠지만, 100세 시대를 맞아 대략 20년에서 30년 정도의 평균적인 은퇴 생활을 하게 될 가능성이 높다. 이때 적절한 은퇴 준비금을 마련하지 못한다면 안정적인 노후 생활을 누릴 수 없게 될 것이다. 그런 의미에서 은퇴 설계는 특별히 근로소득이 없는 은퇴 이후의 생활을 위해 필요한 자금과 각종 보장 계획을 수립해 준다고 볼 수 있다.

은퇴 설계가 필요한 이유

은퇴 설계가 왜 필요한 것인지 3가지 이유로 정리해 살펴보자.

첫째, 노령인구가 증가하고 있기 때문이다.

생활수준의 향상으로 인해 국민의 평균수명이 늘어나고 있는 반면, 출산율은 낮아져 부양해야 할 노령인구가 급격히 증가하고 있는 추세이다.

둘째, 노인 부양 의식이 약화되고 있기 때문이다.

핵가족화의 급속한 진행으로 인해 자녀의 노인 부양 의식이 약화되어 노인의 생계유지가 커다란 사회문제로 대두되어 가고 있는 실정이다. 따라서 모든 국민은 소득 능력이 있을 때 스스로 노후를 준비하여야 하는 것이다.

셋째, 은퇴 후 소득이 감소하기 때문이다.

보통 개인이나 가계의 입장에서 볼 때, 은퇴기에 이르러서는 수입보다 지출이 더 크기 때문에 미리 은퇴 후 경제적 대비책을 마련해 두는 것이 필요하다.

이와 같은 이유로 은퇴 설계가 필요할 수밖에 없다. 그렇다면 은퇴 설계, 즉 은퇴 계획을 잘 짜려면 무엇을 고려해야 할까?

우선 은퇴기에 생활비가 어느 정도 들 것인가를 추정해야 한다.

물론 은퇴기에 들어갈 생활비 수준을 미리 정확하게 추정하는 것은 쉽지 않다. 그럼에도 우선 정기적으로 필요한 액수와 은퇴 시점, 은퇴 후 몇 년간 더 살 것인가를 고려하면, 그에 따라 은퇴 후에 필요한 총 생활비 액수를 계산해 낼 수 있을 것이다.

은퇴 후 매년 또는 매달 필요한 액수를 추정하는 방법에는 여러 가지가 있을 수 있지만, 그중에서 비교적 간단한 예를 들면 은퇴 후에 지출할 생활비를 은퇴 전의 70% 정도로 잡는 것이다. 예컨대, 현재 매년 3,000만 원 정도의 생활비를 지출하고 있다면 은퇴 후에는 3,000만 원×0.7인 2,100만 원 정도가 생활비로 소요될 것이라고 추정하는 것이다. 다만, 자녀와 배우자 유무 등에 따른 가족 수의 변동에 따라 금액이 달라질 수 있다는 점을 고려해야 한다.

또한 은퇴 후에 어느 정도 더 살 것인가의 문제도 생각해 두어야 하는데, 이는 언제 은퇴를 할 것인가의 문제와 함께 개인의 성별 및 연령에 따른 기대여명에 따라 달라지게 된다. 우리나라는 현재 퇴직 시기가 일정치 않고 정년 시기가 점차 낮아지고 있으며, 평균수명의 연장으로 기대여명이 길어져 은퇴 후 노후 생활이 길어지고 있다. 이 때문에 은퇴 후 재무설계가 무척 중요한 것이다.

노후에 필요한 비용과 비용 마련 방법

그렇다면 은퇴 후에 필요한 비용을 마련하려면 언제부터 준비하는 게 좋을까?

은퇴 준비는 당연히 젊으면 젊을수록 미리 시작하는 것이 좋다. 준비를 일찍 시작하게 되면 당연히 매년 또는 매월 저축해야 하는 액수가 줄어 부담이 적어지고, 조기퇴직이나 실업 등에 대한 대비도 할 수 있기 때문이다.

그럼 은퇴 후 소득을 마련하려면 얼마만큼씩 저축하는 게 좋을까?
이를 위해서는 먼저 노후를 위해 이미 가입해 둔 저축액과 연금의 은퇴 후 수령액을 알아야 한다. 은퇴 후 필요한 생활비에서 이 액수를 뺀 액수가 모자라는 액수가 되는 것이다. 그러면 지금부터 준비해야 할 금액을 알 수 있게 된다. 좀 더 자세하게 들여다보면, 이 액수를 퇴직할 때까지 남은 기간, 즉 퇴직 시점에서 현재의 연령을 뺀 기간으로 나누어 주면 퇴직할 때까지 매년 저축해야 할 액수가 계산된다.

그러나 이러한 계산은 이자율과 인플레이션율을 크게 따지지 않고 간단한 방식으로 계산된 것이기 때문에 이자율 및 인플레이션율이 급격히 변동하거나 큰 차이를 나타내면 저축 액수도 달라지고, 은퇴 후 보유하게 되는 저축액에도 차이가 생기게 될 것이다. 따라서 은퇴 후에 지출 조정이 필요한 경우도 있다는 점을 알아 두어야 한다.

그렇다면 이렇게 계산된 은퇴 후 필요한 비용을 어떻게 마련해야 할까?

이 얘기는 은퇴 후 소득원을 마련하는 것과 마찬가지의 의미를 가진다고 볼 수 있다. 은퇴 후 소득원에는 은퇴 전 연금 가입자의 경우 연금을 소득원으로 갖게 될 것이고, 퇴직금을 받은 가계는 퇴직금에서 나오는 이자를 소득원으로 갖게 된다.

그리고 또 다른 소득원으로 은퇴 전 마련한 부동산이나 투자로부터 파생되는 소득 등이 있을 수 있다. 이렇게 연금과 퇴직금, 재산소득이나 예금 등을 합하면 은퇴 후 소득원이 되는 것이다.

그중에서도 노후 소득을 보장받는 방법으로 가장 중요하게 생각해야 할 것은 3층 노후 생활 보장 체계이다. 3층 보장 체계란 국민연금과 같은 공적연금으로 기초 생활수준을 보장하고, 기업이 종업원의 퇴직 후 안정된 생활을 퇴직연금으로 보장하며, 보다 나은 생활수준을 위해서 개인연금으로 보장하는 것을 말한다.

이러한 3층 보장 체계를 미리부터 준비하여 탄탄하게 완성하는 것이 바람직한 은퇴 준비의 첫 걸음이라고 할 수 있다. 결과적으로 은퇴 후 생활을 위해 필요하다고 계산된 액수보다 소득원의 합계액이 적을 경우 개인연금이나 기타 자산 축적을 통해 대비책을 세우는 것이 은퇴 설계의 목적이라고 볼 수 있다.

성경을 보면 대홍수를 대비해 노아만이 홀로 외로이 방주를 만든다. 어쩌면 우리가 탄탄한 방주를 만들 수 있는 시간도 지금만이 가능한 게 아닐까 싶다.

비가 내리기 시작하고, 홍수가 일어나면 그땐 이미 늦은 것이다.

내게 필요한 노후 소득액

노후에 준비해야 할 금액을 알려면 우선 현재까지 노후를 위해 적립한 금액이 얼마인지 알아야 한다.

일단 국민연금공단(www.nps.or.kr)에 들어가면 자신이 국민연금을 얼마나 받을 수 있을지 대략 알 수 있다. 그리고 금융감독원의 통합연금포털사이트(100lifeplan.fss.or)에서도 내 연금을 조회해 볼 수 있다. 여기서는 전 금융회사의 퇴직연금과 개인연금을 한꺼번에 볼 수 있다.

이를 통해 국민연금, 퇴직연금, 개인연금 등 노후에 내가 받을 예상 수령액이 총 얼마인지 알 수 있다.

그리고 그다음으로 은퇴 후 총 예상 생활비를 구한다. 은퇴 전 생활비의 70% 또는 대략 200만 원으로 잡고 65세에 은퇴해서 85세까지 살 것 같다고 하면, '은퇴 후 생활비×12개월×20년' 해서 총액이 얼마인지 구하는 것이다.

그렇게 해서 은퇴 후 생활비 총액에서 총 예상수령액을 빼면 금액이 나오는데, 그 나온 금액이 바로 내가 앞으로 저축을 통해 마련해야 할 금액이 된다.

은퇴 전 반드시
점검해야 할 10가지

"행복이란 사랑하는 사람과 해야 할 일, 소망이 있는 것이다."

- 중국 속담

안정적인 노후 생활을 보내기 위해서는 은퇴 전에 미리 은퇴 계획을 세우고, 자신의 은퇴 준비 상황을 체크해야 한다. 하지만 실제로 예비 은퇴자들은 은퇴 준비를 어떻게 해야 하는지 어떠한 부분을 점검해야 하는지 등을 막연하게 느끼는 경우가 많다. 그럼 은퇴 전 점검해야 할 사항들을 구체적으로 살펴보도록 하자.

첫째, 은퇴 전에 부채를 상환해야 한다.

부채를 지고서 은퇴 생활을 시작하는 것은 현재의 지출 비용에 과거의 지출 비용, 더불어 이자 비용 부담까지 지게 된다는 의미이다. 그럼 생활이 무척 빡빡해질 수밖에 없을 뿐 아니라 자칫 잘못하면 파산을 초래할 수 있다. 그러므로 은퇴 전에 꼭 부채를 모두 상환하는 것이 매우 중요하다고 할 수 있다.

둘째, 장수리스크를 고려해 장기적인 계획을 세워야 한다.

의료기술의 발달과 함께 평균수명이 점차 증가하는 추세이므로 100세까지 살 것이라는 가정 아래 신중한 노후 준비 전략을 세우는 것이 바람직하다. 특히 우리나라는 다른 국가들과 비교해 장수 리스크가 더 높은 편이므로 은퇴 기간이 대다수 사람들의 예상 기간보다 더 길어질 수 있다는 점을 알아 두어야 한다. 만일 은퇴 기간을 짧게 예상할 경우 노후자금을 마련하는 등의 은퇴 준비 수준이 전반적으로 취약해질 수 있기 때문이다.

셋째, 적어도 3개 이상의 은퇴 소득원을 마련해야 한다.

은퇴 전에는 봉급이라는 하나의 소득에만 의존해도 생활이 가능했지만, 퇴직을 하고 나면 이전과 같은 안정적이고 높은 수준의 임금을 받을 수 없을 것이다.

우리나라 사람들 대부분이 국민연금에만 의존하는 경향이 높은데, 국민연금의 재정 형편상 향후 더 내고 덜 받는 구조로 개편될 것을 예상하여 미리 적어도 3개 이상의 은퇴 소득 주머니를 마련하는 것이 바람직하다.

은퇴 전 받아 오던 근로소득 대신에 국민연금과 같은 공적연금을 포함하여 퇴직연금·개인연금 등 3층 보장 체계를 공고히 하고, 이와 더불어 투자 자산을 통한 배당소득이나 예금이자소득 등 보다 더 다양한 소득원을 준비하는 것이 필요하고 바람직하다.

　넷째, 은퇴자산 계좌를 따로 만들어서 이를 지켜 내야 한다.
　대다수의 예비 은퇴자들이 은퇴 준비를 하지 못하는 큰 이유들이 있는데, 대개 자녀교육비와 주택마련 자금 때문이다. 이와 함께 생활비나 결혼자금까지 생각하면 은퇴자금을 준비할 여력이 부족할 수밖에 없다.
　따라서 가계지출 구조를 점검하여 과도하게 지출되는 항목이 있다면 반드시 조절해야만 한다. 그래서 은퇴자금 마련을 위한 계좌를 따로 만들어서 끝까지 꼭 지켜 내도록 잘 관리해야만 한다.

　다섯째, 국민연금 수령 시기를 늦추는 것을 고려해야 한다.
　국민연금 수급 기간을 연기할 경우 지급되는 급여액이 늘어나게 된다. 따라서 건강에 이상이 없고 파트타임과 같은 경제활동을 지속할 수 있다면 연금 수령 시기를 늦춤으로써 건강 악화로 경제활동이 어려운 시기에 더 많은 연금을 수령할 수 있도록 한다.
　대체적으로 나이가 들수록 건강이 악화되기 때문에 의료비가 증가할 수밖에 없는 구조이므로 가능하다면 국민연금 수령 시기를 늦추어서 어려울 때 많은 연금을 지급받는 것이 바람직하다.

　여섯째, 풍요로운 노후를 위해서라면 개인연금을 갖추는 것이 좋다.
　아무리 은퇴 후 지출을 줄여 생활한다고 해도, 의료비나 여가생활비가 증가하여 생각보다 많은 비용이 발생하게 될 수 있다. 따라서 개인연금이나 보험 등 금융상품을 통해 노후자금을 미리 충분히 마련하는 것이 좋다.

개인연금은 상품에 따라서 이자 혜택이나 투자 수익을 발생시킬 수 있기 때문에 이를 잘 활용하여 은퇴 후 매달 일정 금액을 연금으로 수령하게 된다면 보다 안정적인 노후생활에 큰 도움이 될 것이다.

일곱째, 인플레이션을 고려하여 은퇴 자금을 축적해야 한다.

은퇴 자금을 금고 속에 보관하거나 저금리의 은행 예·적금 상품으로만 운용하게 된다면 10년이나 20년이 지나서 인플레이션으로 인해 상대적으로 은퇴 자금이 부족해지는 현상이 초래될 수 있다.

따라서 이를 감안하여 적정한 수준까지는 투자형 상품으로 은퇴 자금을 마련하는 것이 필요할 수 있다. 하지만 사람에 따라 투자 지식수준이 다르고 이를 운용하는 능력이 천차만별이므로 자신의 투자 능력을 감안하여 적절한 비율로 유지하는 것이 중요하다.

여덟째, 은퇴 계획은 배우자와 함께 짜야 한다.

보통 남성보다 여성의 평균수명이 높다. 따라서 남성 배우자가 사망할 때를 대비하여 홀로 남게 될 여성 배우자를 고려하여 은퇴 계획을 세우는 것이 중요하다. 또한 기대수명과 더불어 개인별 건강 수준을 고려해 은퇴 계획을 수립하는 것이 좋다. 이는 기대수명과 건강수명이 격차가 있기 때문이다.

그러므로 배우자별로 각자의 건강 수준에 따라 의료비와 간병비 등을 고려하여 부부가 함께 은퇴 계획을 짜는 것이 바람직하다.

그런데 한 경제연구소가 예비 은퇴 부부들을 대상으로 설문조사를 했는데, 몇 가지 중요한 실수들이 발견되었다고 한다. 첫째는 대부분의 부부들이 은퇴 후 필요한 돈에 대해 계산해 보지 않았고, 둘째로는 부부 중 한 사람만 재무 결정을 한다는 것이었다. 그리고 세 번째로는 의료비와 장기 간병비를 고려하지 않았고, 마지막으로 자녀 지원과 부부의 노후 준비를 맞바꾸었다는 것이었다.

제일 중요한 건 은퇴 후 필요한 돈에 대해 대략적이라도 알아야 계획을 세워 모자란 돈을 마련해 보려고 할 텐데, 그런 경험조차 없으니 노후가 닥치면 얼마나 당황하겠는가.

아홉째, 은퇴 후에도 함께 할 수 있는 일, 모임, 친구를 만드는 것이 필요하다.

가령 60세에 은퇴하여 80세까지 산다고 가정하더라도 20년의 시간이 남게 된다. 이는 일을 하지 않는다는 가정까지 포함하면 매우 긴 시간임에 분명하다. 또한 대다수가 은퇴함과 동시에 직장을 떠나게 되기 때문에 그동안 많은 시간을 함께한 동료들과 멀어지게 될 것이다. 그러므로 은퇴 후에도 함께할 친구와 모임을 만드는 것이 필요하다.

이를 위해 자기계발이나 취미활동, 혹은 파트타임 경제활동이나 자원봉사를 하여 남은 긴 노후 생활을 다른 이들과 함께 효율적으로 보낼 수 있도록 미리 준비해야 하는 것이다.

마지막으로 은퇴자금을 마련하는 데 실패하는 경우에 대비해야 한다. 만약 은퇴 준비가 제대로 되지 않은 상태로 은퇴를 맞이하게 되었다면 무리하게 자산을 모으려 하기보다는 적지만 마련된 은퇴 자금을 지키는 노력이 더욱 중요하다.

결국 은퇴자산이나 수입을 늘리기 어렵다면 반드시 은퇴 후 지출을 줄여야만 하는 것이다.

은퇴 후 만날 수 있는
진짜 위험들

"재산은 없어질 수 있고, 돈은 구매력을 잃을 수 있다.
그러나 성격, 건강, 지혜, 좋은 판단력은 어떤 상황에서도 항상 수요가 있다."

- 로저 밥슨(미국의 경제분석가)

은퇴 후에는 수명리스크 이외에도 노후에 재정적인 부분을 뒤흔들 수 있는 다양한 위험에 노출되기 쉽다. '수명리스크'라 함은 은퇴자의 수명이 너무 짧아 행복한 노후 생활을 영위하지 못하거나 반대로 수명이 너무 길어 사망 이전에 준비한 은퇴 자산을 모두 소진해 버릴 수 있는 위험을 뜻한다.

이외에도 노후에 만날 수 있는 위험은 부부 및 자녀관계, 건강, 경제활동과 관련해 다양한 형태로 존재하게 된다.

가령 이혼을 하게 되거나 질병에 걸리는 경우 또는 창업에 실패하거나 사기를 당하게 되면 은퇴자들의 가정경제에 커다란 경제적 손실을 끼치게 될 것이다.

5대 리스트 발생 확률과 은퇴 파산 시점

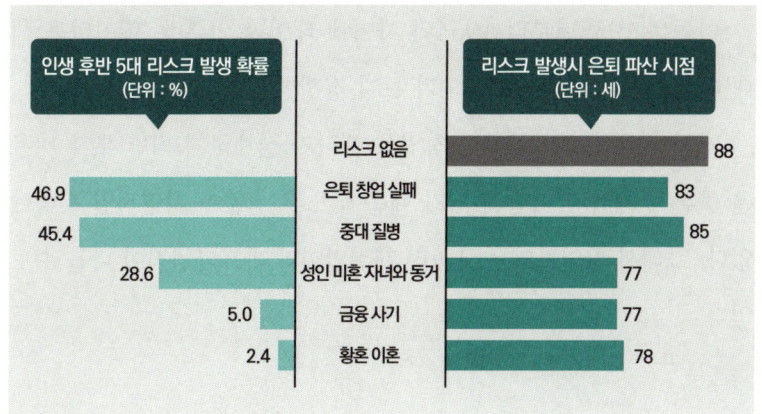

출처 : 미래에셋자산운용

이와 같은 위험이 은퇴 이후에 나타나게 되면 그로 인한 피해가 더욱 클 것은 자명한 일이다. 그중 노후의 삶을 뒤흔들 수 있을 정도의 파급력을 갖는 주요 위험에 대해 살펴보도록 하자.

첫째, 은퇴 창업에 실패할 위험이 있다.

은퇴자 또는 예비 은퇴자의 창업이 이어지면서 우리나라 자영업자의 절반가량이 50대 이상 장·노년층인 것으로 나타난다. 50대 이상 자영업자의 증가는 베이비붐 세대가 은퇴하면서 창업 수요가 확대됐기 때문으로 풀이되는데, 최근의 경기 침체로 인해 재취업이 어려워지자 진입 장벽이 낮은 자영업으로 진출하고 있다고 진단된다.

그러나 문제는 이렇게 자영업에 진출한 후 3년 이상 사업을 유지하는 비중이 2명 중 1명에 불과하다는 사실이다. 특히 은퇴자들이 쉽게 창업할 수 있는 음식점이나 잡화점 같은 경우 폐업 확률이 더욱 높은 것으로 드러나고 있다.

　이들은 1955년부터 1964년 사이에 태어난 이른바 '베이비붐 세대'다. 약 900만 명 정도나 되다 보니 경쟁이 치열해지는 것이다.

　이렇게 은퇴자가 무작정 창업을 했다가 실패하게 되면 투자 비용은 물론 부채까지 떠안게 되기 때문에 노후 생활에 치명적일 수밖에 없다. 그래서 창업보다는 오히려 재취업이나 파트타임직이 나을 수도 있다.

　둘째, 고령자를 대상으로 한 금융사기가 다양한 수법으로 늘어나고 있기 때문에 그것에 휘말릴 위험이 있다.

　대체로 이들 수법을 보면 고수익을 보장한다는 식으로 부에 대한 환상을 심어 주거나 투자회사의 평판이 좋고 특정인이 특별한 자격을 가지고 있다고 강조하여 신뢰성을 확보하는 식이다. 또 유명인사도 투자한다고 하여 사회적으로 안전한 것처럼 보이게 하거나 선물 등의 갖가지 호의를 보여 가며 투자를 유도하기도 한다.

　금융사기는 당할 확률은 좀 낮은 편이지만, 그러나 이러한 금융사기 수법에 넘어가 한번 사기를 당하기라도 하게 되면 피해 금액이 평균 7,000만~8,000만 원에 이를 정도로 상당히 크기 때문에 노후 생활에 큰 타격을 입을 수밖에 없다.

　그래서 의심된다 싶으면 적어도 금융감독원 불법사금융 신고센터(국번 없이 1332번)로 전화해서 그 회사만이라도 조회해 보는 게 낫다. 그리고 무엇보다도 평소에 금융지식을 쌓아 둘 필요가 있다. 잘 모르니까 당하는 것이다. 그리고 은퇴 자금이 조금 부족하다 하더라도 아껴 쓸 생각을 하면 되는데, 단기간에 큰돈을 벌려고 욕심을 부리다가 당하는 경우들이 꽤 많다. 결국 조급한 마음을 버리는 게 중요하다.

셋째, 고령자들 대부분은 사망 전까지 각종 암이나 심혈관질환, 뇌혈관질환 등 중증질병에 걸릴 가능성이 높다.

통계에 따르면 우리나라 50대 이상 2명 중 1명은 암이나 혈관질환에 걸린다. 특히 연령이 높아질수록 치매를 앓게 될 가능성이 증가하기 때문에 이로 인한 의료비 부담이 커질 수밖에 없다.

이러한 중증질병은 의료비뿐만 아니라 간병비를 동반하는 경우가 많아서 나이가 들수록 급증하는 의료비 부담으로 인해 안락한 노후 생활을 영위하기 어려워진다.

넷째, 최근 들어 전체 이혼 가운데 혼인 기간이 20년 이상에 해당하는 황혼이혼의 비중이 높아지고 있는 추세이다.

건수로만 보면 혼인 기간 4년 미만인 부부보다 20년 이상인 부부가 이혼을 더 많이 한다. 특히 60~64세 이혼율이 크게 증가한 편이다.

그런데 황혼이혼을 하게 되면 부부가 재산을 분할하게 되는데, 이로 인해 각자의 노후 재정이 위험해질 수 있다. 최근에는 이혼 시점의 재산뿐만 아니라, 이혼한 배우자가 받을 연금도 분할할 수 있는 추세이다.

결국 전반적으로 노후 준비가 제대로 되어 있지 않은 상황에서 황혼이혼으로 재산을 분할하게 된다면 노후 재정 불안이 더욱 커질 수밖에 없다. 게다가 이혼에 따른 위자료는 재산 분할과 별개이기 때문에 재산 분할로 인한 노후자금 부족은 더욱 가중될 수밖에 없을 것이다.

따라서 경제적인 부분만 생각한다면 황혼이혼은 정말 신중해야 될 것이다.

다섯째, 성인자녀와 함께 살게 될 위험이 있다. 경기 침체와 일자리 부족으로 인해 대학을 마쳤는데도 자녀가 독립하지 못하고 부모와 함께 사는 경우가 늘고 있는 추세이다.

이렇게 되면 은퇴자 입장에서는 자녀를 경제적으로 뒷받침해야 하는 기간이 길어진다. 더군다나 결혼 시기가 점차 늦어지는 추세이기 때문에 자녀가 학교를 졸업한 이후에도 부모와 동거하는 기간이 늘어나고 있다. 결국 부모의 성인 자녀에 대한 부양 부담이 커지게 된다는 얘기다.

이뿐만이 아니라, 자녀가 결혼한 이후에도 자녀 대신에 손자녀를 양육하게 되거나 이혼이나 실직을 당한 자녀가 다시 집으로 돌아오는 경우도 생기고 있다. 이렇게 성인 자녀와 동거하게 되면 부모의 생활비 부담이 가중될 수밖에 없다.

그래서 가급적 자식도 은퇴설계에 포함시키는 게 좋다. 자녀와 함께 살 경우를 대비하는 것이다. 졸업도 길어지고 취업난에, 결혼도 늦어지니까 대부분의 가정이 자녀 리스크가 있기 마련이다. 만약 자녀를 지원하는 게 꼭 필요하다고 생각한다면, 그럴 때를 대비해 은퇴자산을 더 마련해야 한다. 그렇지 않다면 자녀를 일찍 독립시키는 게 서로를 위해 더 나을 수도 있다.

Chapter 3

재무 상태
파악하기

재무설계, 자산관리를 위한 네비게이션

"준비하지 않는 것은 실패를 준비하는 것이다."

- 벤자민 프랭클린

대부분의 사람들은 '자산을 어떻게 관리할까'보다는 '어떻게 아끼고 어떻게 돈을 더 많이 벌 것인가'에 더 많이 신경을 쓰는 편이다. 물론 마른 수건을 짜내듯 근검절약하고 수입을 늘리면 돈은 당연히 모일 것이다. 하지만 예기치 않은 일이 갑자기 터져 버린다면, 재무 목표를 달성하지도 못하고 허무하게 돈을 모두 써 버릴 수도 있다. 다시 말해 내 자산을 효과적으로 불리려면, 돈 모으기만큼 돈 관리도 잘해야 한다는 이야기이다.

자산을 잘 관리하려면 재무설계를 하는 것이 대단히 유익하다. 재무설계는 자산관리의 내비게이션이라고 할 수 있다. 정보통신의 발달로 내비게이션만 있으면 어느 두메산골이라도 찾아갈 수 있고, 또 내가 원하는 길을 제대로 가고 있는지 실시간으로 확인할 수도 있는 것처럼 재무설계도 마찬가지다.

재무설계는 어디서부터 자산관리를 해야 할지 몰라 주저하는 사람들을 앞으로 한 걸음 한 걸음 나오도록 한다. 또한 자산을 효율적으로 관리하는 길을 안내해 주는 길잡이 역할을 한다. 바꿔 말하면 내비게이션에 문제가 생기면 길을 헤매게 되는 것처럼, 재무설계가 잘못되면 자산을 올바르게 관리할 수 없게 된다는 이야기이다.

재무설계를 본인이 하게 되든, 재무설계사에게 의뢰하든 간에 자신의 인생 목표나, 형편, 상황, 나이나 직업 등에 맞춰서 제대로 설계하지 못하는 경우가 있다. 한쪽으로 치우치거나 해서 문제가 발생하면 이건 잘못된 재무설계라 할 수 있다.

가령 금융회사를 통해 재무설계를 받았는데, 자꾸 보험 가입을 권유하는 바람에 보험 계약 건수만 늘어나다 보면 위급할 때 사용해야 하는 예비 자산도 없고, 장기간 투자를 통해 돈을 불릴 기회도 사라지기 때문에 이는 기회비용의 상실로 이어질 수 있다. 또 본인은 투자에 대해서 잘 모르는 사람인데도 펀드나 변액보험만을 권유받는 바람에 자산의 대부분을 모르는 곳에 투자해서 관리도 안 되고 하면, 오랜 기간 마이너스 손실로 고통받을 수도 있다.

그럼 스트레스 받지 않는 좋은 재무설계란 뭘까?

제일 좋은 것은 뭐니 뭐니 해도 실력 좋고 양심 있는 재무설계사를 만나는 것이다. 그러나 현실적으로 그것이 쉽지 않기 때문에, 본인이 공부하는 게 더 좋다. 어차피 재무설계라는 게 평생 가져가야 할 사항인데, 이왕이면 본인이 직접 할 수 있으면 얼마나 좋겠는가? 굳이 복잡한 수준까진 몰라도 된다. 단순한 형태로라도 본인이 스스로 자신의 재무계획을 세우고 바로잡을 수 있다면, 그것이 가장 좋은 형태의 재무설계인 것이다.

재무설계를 잘하려면

그렇다면 재무설계를 잘하려면 어떻게 해야 할까? 성공적인 재무설계를 위해 반드시 지켜야 할 원칙이 있다.

첫째, 재무 목표를 명확하게 설정해야 한다.

재무 목표는 재무설계를 할 때 가장 먼저 고려하는 사항으로, 재무설계 모든 과정의 기초가 되며, 재무설계의 성공 여부를 결정짓는 요소라고 할 수 있다. 어떤 일이든 목표가 있고 없음은 결과에 어마어마한 영향을 미칠 수밖에 없다.

따라서 재무설계를 할 때 '결혼 자금 마련' '자녀교육 자금 마련' '주택구입 자금 마련' '노후준비 자금 마련' 등처럼 재무 목표를 분명하게 세워야 한다. 다만, 이때 재무 목표를 잘못 설정하면 재무설계를 처음부터 다시 시작해야 하는 일이 벌어질 수 있으므로 주의해서 세워야 한다.

그렇다면 재무 목표를 제대로 설정하려면 어떻게 해야 할까?

단순히 추상적으로 '내 집을 갖고 싶으니까 재무 목표를 주택 마련으로 해야지'라고 생각하면 안 된다. 자신의 여건, 즉 재무 상황과 현금 흐름, 연간 소득과 지출, 자산 현황과 부채 현황 등을 꼼꼼히 확인한 후, 앞으로 달성해야 하는 재무 목표가 무엇인지 구체적으로 파악해야 한다.

좀 더 구체적으로 설명하면 재무 목표라는 걸 세운다는 건, 앞으로 다가올 인생 이벤트에 대해서 좀 더 구체적이고 명확한 목표를 세운다는 것이다.

예를 들어 현재 미혼인데 사귀는 사람이 있다면, 그는 일단 결혼을 제일 우선적으로 준비해야 하고, 그 결혼을 재무 목표로 잡아야 한다. 그런데 이 남자가 "난 행복한 결혼을 하고 싶다"라는 막연한 목표를 잡는다면, 구체적인 행동을 취하기가 어려워진다. 그러므로 "난 5년 후에 결혼을 하기 위해서 5,000만 원의 목돈을 모을 거야"라고 목표를 구체화해야 하는 것이다. 그렇게 되면 이제 얼마를 어떻게 모아야 할지에 대한 실행 방안이 나올 수 있다.

그렇다면 일단 제일 먼저 결혼자금이 얼마가 들지 예상해야 할 것이다. 예식장 비용은 얼마인지, 신혼여행 비용은 얼마인지, 그리고 하객 식대라든지, 혼수 비용 등등을 구체적으로 알아볼수록 좋다. 그러고 나선 어디서 살 것인지, 그 지역의 아파트나 빌라의 시세는 어떻고, 전세는 얼마인지, 두 사람이 맞벌이인지, 외벌이인지, 모아 놓은 돈은 얼마인지, 모을 수 있는 돈은 어느 정도인지 등등을 따져서 결혼 자금으로 얼마를 모으고 얼마를 대출받을 것인지 정해야 한다.

그리고 만약 결혼한 상황이라면 마찬가지로 앞으로의 목표를 세워야 하는데, 여러 개가 한꺼번에 필요할 것이다. 자녀가 있다면 양육비부터 시작해서, 내 집 마련, 노후계획 등 복수의 목표를 세워야 한다. 이렇게 목표가 무엇인지 정해지면, 가장 중요한 것부터 우선순위를 정하면 된다.

앞서와 마찬가지로 자녀들에게 들어가는 학비며 등록금, 사교육비, 용돈 등도 따져 보고, 내 집 마련을 위해 필요한 장기적인 자금계획도

잡아 보고, 최종적으로 노후에 필요한 생활비를 준비하기 위한 연금 플랜도 짜 보는 것이다.

어렵지 않다. 일단 A4 용지에다가 인생의 재무 목표를 쭉 적으면 된다. 이왕이면 단기 목표, 중기 목표, 장기 목표를 나누어라. 그리고 목표 옆에 얼마의 자금이 언제까지 마련되어야 하는지도 같이 적는다.

예를 들어 '직장에서 가까운 지역에 소형 아파트 장만'이라는 식으로 구체적으로 목표를 정하는 것이다. 그리고 나서 실제로 직장에서 가까운 지역의 소형 아파트가 얼마 정도인지 알아보는 것이다. 그렇게 달성해야 할 목표 금액을 정하고, 현재 자산 상태나 소득 수준에 맞춰서 목표를 달성할 기간을 정해 본다. 그리고 그다음으로는 목표 금액을 달성하기 위해 어떠한 방식으로 얼마를 저축해 나가야 하는지에 대해 생각해 봐야 한다.

인생 주기별 재무 목표

인생 주기	주요 이슈	주요 재무 목표
미혼기	· 졸업 · 취업 · 결혼	· 결혼 자금 마련 · 독립 및 주거 자금 마련
가족 생활기	· 자녀 출산 및 육아 · 내 집 마련 · 자녀 교육 · 재산 형성 · 자녀 결혼 · 은퇴 및 노후 대비 점검	· 자녀 양육 자금 · 주택 구입 자금 · 부채 상환(결혼, 주택 관련) · 자동차 구입 · 자녀 교육비 · 주택 넓히기 · 자녀 대학 교육비 · 자녀 결혼 자금 마련 · 노후 준비
노후 생활기	· 노후 생활	· 은퇴 후 생활비 마련 · 건강 유지 비용 및 병원 진료비

신혼부부의 재무 목표 예시

	목표	목표 자금	목표 기한
단기(1년 미만)	여름휴가	200만 원	6개월
	비상 자금 마련	500만 원	1년
중기(1~5년)	자녀 출산	600만 원	2년
	자녀 양육(1년 정도)	1,300만 원	3년
	주택 자금 부채 상환	2,500만 원	5년
장기(5년 이상)	내 집 마련	1억 5,000만 원	10년
	자녀 대학 교육	1억 원	15년
	은퇴 준비	3억 원	25년

그러다가 인생 이벤트가 달라지거나 예기치 않은 일이 생기면, 원래 생각한 목표에서 조금씩 수정을 하는 것이다. 그렇게 수정하고 다시 세우고 지키고를 반복하다 보면 어느새 의도한 방향으로 나아가게 된다.

복잡하다고 생각할 수 있지만, 어차피 계획이라서 정확할 순 없다. 일단 가능한 한 많은 정보들을 취합해 목표를 설정하는 게 중요하다.

둘째, 장기적인 관점에서 접근해야 한다.

단기적으로 접근하면 전체를 망칠 수도 있기 때문이다. 예를 들어 30대 남자가 결혼한 지 1년 만에 아빠가 되었다고 가정해 보자. 그는 자식이 아직 어려서 교육비 마련에 그다지 신경을 쓰지 않았다. 사실은 당장 돈 들어갈 곳이 많아서 미리 교육비를 준비할 여력이 없었던 것이다.

그런데 어느 날 문득 정신을 차리고 보니 어느새 자식이 훌쩍 자라 초등학교에 들어갈 나이가 되어 있었다. 당장 눈앞에 있는 경제적 문제를 해결하며 바쁘게 살다 보니 자기도 모르는 사이에 자식의 교육비가 필요한 시점이 온 것이다. 하지만 그는 재무설계를 할 때 자녀의 교육비를 전혀 고려하지 않았기 때문에 막상 필요한 순간에 필요한 만큼 돈을 쓸 수가 없게 되었다. 결국 그는 처음부터 재무설계를 재조정하고, 더 넓은 집으로 옮기기 위해 가입했던 적금과 펀드를 해약했다.

만약 그가 재무 계획을 세울 때, 10년 혹은 20년 이상 장기적인 관점에서 접근했다면 어땠을까? 재무설계를 재조정하거나 적금과 펀드를 해지하는 일은 없었을 것이다. 또 지속적으로 재무설계를 유지했다면 자녀 교육도 걱정 없이 시키고, 목표했던 기간 내에 더 넓은 집으로 이사도 갈 수 있었을 것이다. 그렇기 때문에 재무설계를 할 때는 멀리 내다보는 게 매우 중요하다.

재무설계와 재테크

재무설계는 단순하게 돈을 기술적으로 불리려고만 하는 재테크 개념과는 다르다. 재(財)와 테크(Tech)의 합성어인 세칭 재테크는 뚜렷한 목표가 있다기보다는 오직 돈을 버는 것 자체가 목적이라고 볼 수 있다면, 재무설계는 우선 돈을 어디에 사용하려고 하는지를 계획한 뒤 그것을 이루고자 돈을 모아 나가는 방법을 뜻한다.

우리에게는 '결혼'이나 '내 집 마련' '양육 비용' 그리고 '노후자금' 등 구체적인 재무목표를 설정하는 것이 우선적으로 필요하다. 그리고 난 후 그 목표를 이루기 위해 효과적이고 합리적인 계획을 수립하는 것이 바로 재무설계이다.

셋째, 재무설계의 프로세스를 잘 지켜야 한다.

재무설계는 문제 해결을 위한 체계적인 프로세스로 구성되어 있는

데, 각각의 프로세스를 잘 지켜야만 문제 해결이 쉬워진다. 하지만 안타깝게도 많은 사람들이 전문가와 상담을 할 때, 프로세스에 맞춰 문제를 해결하려고 하기보다는 당장 먼저 답을 가르쳐 달라고 요구하는 경우들이 많다. 이는 마치 병원에 가서 어디가 아픈지 검사하기도 전에, 약부터 처방받으려고 하는 것과 같다고 할 수 있다.

재무설계 프로세스를 잘 지킬 수 있는 직업군

재무설계 프로세스를 잘 지킬 수 있는 직업을 꼽자면, 공무원, 교사 등과 같이 근속기간이 길고, 소득이 꾸준히 증가하는 직업들을 들 수 있다. 공공기관이나 대기업 직원도 포함될 수 있다.

반대로 소득이 일정하지 않은 직업은 재무설계를 잘 한다고 해도 지키기가 어려울 수 있다. 일반 자영업자나 프리랜서, 또는 이직이 잦고 근속연수가 짧은 회사에 다니는 경우, 변수가 많아서 재무설계대로 이행하기가 쉽지 않은 측면이 있다.

이런 사람들은 실행이 좀 어렵다는 걸 감안해서, 너무 무리한 재무 목표는 설정하지 않는 게 좋다. 경기가 안 좋거나 회사 상황이 어려워지면, 목표를 달성하기가 쉽지 않을 테니까 말이다.

가급적 보수적으로 계획을 잡고, 변수에 대한 위험관리 차원의 대비책들을 함께 마련해 두는 것이 좋다. 또 상황에 따른 융통성을 염두에 두고, 틈틈이 점검해 가며 수정을 거듭해 나가는 것이 좋다.

재무설계에도 순서가 있다

"준비된 사람은 전쟁에서 반은 싸우고 이긴 것이다."

- 미겔 데 세르반테스(스페인의 소설가)

재무설계를 수립하는 과정을 이해하는 것이 중요하므로 하나하나 살펴보도록 하자.

첫째, 재무 목표를 설정한다.

20대 초중반의 새내기 직장인이라면 결혼 자금이나 자기계발을 위한 자금을 준비하고 싶을 것이고, 30대나 40대라면 내 집 마련과 자동차 구입 자금, 육아 비용 등을 준비하고 싶을 것이다. 그리고 50대라면 자녀결혼 자금과 함께 자녀교육 자금, 은퇴 자금, 주택 규모를 넓히기 위한 자금 등을 마련하고 싶을 것이고, 마지막으로 60대라면 노후자금을 미리 마련하고 싶을 것이다.

이처럼 연령별, 직업별로 다양한 재무 목표와 니즈가 있을 텐데, 재무설계의 첫 번째 단계는 이러한 재무 목표가 언제까지 얼마가 필요할지, 구체적으로 설정하는 것이라고 볼 수 있다.

둘째, 재무 목표를 설정한 다음에는 재무 목표 달성을 위한 자신의 현재 준비 상황을 점검한다.

예를 들자면 현금흐름표를 작성해 보면서 월간 수입과 지출 항목들을 점검하고 재무상태표를 작성하면서 자신의 저축, 보험, 투자 상황 등을 파악하여 자신의 현재 상태를 점검하는 것이 좋다.

충전지식

현금흐름표와 재무상태표

현금흐름표와 재무상태표는 원래 기업에서 쓰이는 것이다.

이 현금흐름표를 가정에서 간단히 작성한다고 하면 A4 용지를 반으로 접어서 왼쪽에는 본인의 월 소득을 종류별로 모두 적고, 오른쪽에는 월 지출을 항목별로 모두 적으면 된다.

매월 500만 원을 번다면 그걸 왼쪽에 적고, 오른쪽에는 한 달 동안 지출하는 통신비 얼마, 식비 얼마, 월세 얼마 등등을 다 적는 것이다. 그러면 소득에서 지출을 뺀 순소득이 나온다. 그렇게 자신의 현금 흐름을 매월 점검해 보는 것이 현금흐름표이다.

현금흐름표

수입	지출
근로소득 본인 배우자	고정지출(A) 부채상환액 주택대출이자 자동차할부금 세금, 공적연금, 보험

	변동지출(B) 　식비 　의료비 　교통비 　통신비 　용돈 **저축 및 투자(C)** 　개인연금 　정기적금 　펀드	
	총지출(A+B+C)	
총수입	순 현금 흐름(총수입-총지출)	

재무상태표도 마찬가지로 종이를 반으로 접어서 왼쪽에는 내 자산을 모두 적고, 오른쪽에는 부채를 모두 적는 것이다.

아파트 한 채 가지고 있으면 아파트 얼마, 통장에 얼마, 펀드에 얼마 등등을 다 적으면 전체 자산을 파악할 수 있다. 그리고 아파트 담보대출이라든지 신용대출, 카드대출 등 갚아야 할 돈을 다 적고서 자산에서 부채를 뺀 금액을 오른쪽에 적는다. 그러면 그게 진짜 순자산이 되는 것이다. 한마디로 본인의 현재 재무 상태를 제대로 알기 위해 작성하는 표인 셈이다.

재무상태표

자산	부채 및 순자산
금융자산 　유동자산 　투자자산 　기타자산	**중장기부채** 　부동산 관련 부채 　자동차 부채 **단기 부채** 　신용카드대금 **총부채**
실물자산 　부동산 　자동차 　기타자산	순자산
총자산	총부채+순자산

셋째, 달성 가능성을 점검한다.

현재 자신의 상황과 미래의 상황들을 감안하여 재무 목표가 달성 가능한지 점검하는 것이다. 자신의 현실에 비해 재무 목표가 너무 크다면 달성 가능성이 희박할 수밖에 없다.

넷째, 재무 목표를 조정한다.

달성 가능성을 점검한 후에 필요한 경우, 재무 목표를 일부 수정하거나 재무 목표의 우선순위를 조정하는 것이다. 물론 재무 상황은 항상 변화가 있기 마련이므로 재무 목표는 그때그때 수정하면 된다.

처음부터 지나치게 무리한 재무 목표를 설정하기보다는 달성 가능한 목표로 조금씩 수정해 나가는 것이 중요하다.

다섯째, 자산배분 및 포트폴리오를 구성한다.

재무 목표를 달성하기 위해서 어떤 자산에 어떤 비율로 투자해야 하는지 포트폴리오를 구성해 보는 것이다. 포트폴리오를 구성할 때는 자신의 투자 성향과 연령대도 함께 고려해야 한다.

그런데 재무 목표를 너무 높게 설정하면, 그것을 달성하기 위해서 수익률이 높은 위험자산에 투자하는 비율이 높아질 수밖에 없다. 그러므로 자신의 연령대와 함께 투자 성향을 고려해 적절한 포트폴리오를 구성하기 위해 신경을 써야 한다.

여섯째, 포트폴리오 전략까지 수립했다면 구체적인 상품에 실제 투자를 실행해야 한다.

실행은 재무설계에서 가장 중요하다. 실행이 없으면 재무설계는 무의미한 것이기 때문이다. 또한 같은 금융상품이라고 해도 여러 회사에서 나온 다양한 상품들이 많기 때문에, 수익성·안전성·환금성 등을 고려해서 상품을 선택해야 한다.

일곱째, 점검 및 조정이다.
목표를 세운 것과 실제 투자를 한 것이 장기적인 관점에서 제대로 계획되고 잘 운용되고 있는지, 주기적으로 점검해서 당초 목표에서 이탈하지 않도록 해야 한다.

성공적인 재무 목표 세우기

그리고 재무설계를 하는 과정 중에 가장 중요한 것이 바로 재무 목표이다.

재무 목표는 가치관이나 인생에서 중요하다고 여기는 것에 따라 다르게 세워질 수 있는데, 제일 먼저 무엇이 중요하고 중요하지 않은지, 가치관에 따라 가족이 지향하는 생활 표준을 결정하는 것이 중요하다. 성공적인 재무 목표를 세우기 위한 원칙은 다음과 같다.

첫째, 목표는 가능한 한 구체적으로 적는다.
머릿속에 있는 목표는 공상에 지나지 않으므로 구체적으로 목표를 적어 봐야 한다. 예를 들어 '60세까지 3억 원의 재산을 모으겠다'고 적는 식이다. 적어 놓은 목표를 현실적인지 아닌지 판단하는 것도 중요하지만, 너무 제한하는 것은 바람직하지 않다.

둘째, 필요한 돈의 액수를 정한다.

재무 목표를 이루려면 시간과 노력도 들지만 돈도 든다. 필요한 돈의 규모를 정해야만 하는 것이다.

셋째, 목표를 이루기 위한 시간적 범위를 정한다.

목표는 시한이 정해진 꿈이다. 구체적인 돈의 액수와 시간 제한, 그리고 실행 계획이 같이 움직이지 않는다면, 재무 목표는 단지 소원에 지나지 않을 것이다. 시작하는 날짜와 달성하는 날짜를 정한 후 돈의 액수가 정해지면, 한 달에 얼마나 저축해야 하는지 실행 계획을 세울 수 있다.

넷째, 목표의 우선순위를 정한다.

크고 작은 목표들을 달성하는 데 사용할 수 있는 자원은 한정되어 있으므로 모든 목표를 한꺼번에 이룰 수는 없다. 따라서 중요한 것을 우선적으로 달성하도록 하는 것이 좋다. 또한 필요한 것과 원하는 것을 구분해서 필요한 것을 먼저 달성하도록 하는 것이 바람직하다.

그리고 우선순위와 달성 시기를 정함에 있어 가족들 간에 충분한 대화가 이루어져야 목표 수행이 원활히 이루어질 수 있다.

다섯째, 큰 목표는 쉽게 실행할 수 있는 여러 개의 중간 목표로 나눈다.

장기 목표를 이루기 위해서는 조그만 단기 목표들을 이루어 나가야 하는 경우가 많이 있다. 중간 목표를 만들어 하나씩 이루어 나갈 때

성취감도 느낄 수 있고, 멀리 보이던 장기 목표가 실현 가능한 것으로 다가올 것이다.

재무 계획을 꼼꼼히 짜는 것이야말로 다가올 긴긴 노후라는 전쟁을 준비하는 것과 마찬가지이다. 그렇다면 이미 절반은 이긴 것이나 다름없다.

재무 목표는 어떻게 설정해야 할까

재무 목표는 너무 정확하고 자세하게 설정하지 않아도 된다. 그렇게 되면 목표 설정하는 것 자체가 상당한 스트레스가 될 수 있기 때문이다.

그래서 일단 적정한 수준에서 목표를 설정하는 것 자체가 중요하다. 그렇게 목표를 세우더라도 나중에 바뀔 수가 있다. 재무 목표가 뜻한 바대로 다 이루어지지는 않을 확률이 높기 때문이다. 그래서 재무 목표를 세우고 수정하고, 세우고 수정하고를 반복해야 한다.

그래서 이걸 누가 대신 해 준다는 거 자체가 좀 안 맞는 부분이 생길 수밖에 없기 때문에 본인이 직접 해 보는 게 좋다.

자신의 삶은 자신이 제일 잘 안다. 그래서 본인이 해 보고 수정하는 게 가장 좋다. 처음에는 모르니까 금융회사에 맡겨도 보고, 물어도 보고, 배우면서 하는 게 괜찮지만, 사실 누구에게 맡겨서 받아 봐야 좀 지나면 또 바뀌어 버린다.

재무 진단 없인
재무설계가 불가능하다

"돈은 무서운 주인이자 뛰어난 하인이다."

- P. T. 바넘(미국의 엔터네이너)

　합리적인 재무설계는 현재의 재무 상태에 대한 정확한 진단으로부터 시작된다. 총자산 중 부채의 비중은 적정한지, 투자자산의 수익률은 충분히 달성되고 있는지, 보장자산과 연금자산의 금액은 적정한지, 총자산 중 부동산의 비중은 적정한지 등이 기본적으로 체크해야 할 사항들이다.

　자산이라는 것은 한마디로 말하면 자신이 가진 돈, 즉 재산이다. 이런 자산을 많이 보유한 사람들을 우리는 부자라고 부른다. 그리고 부채는 한마디로 빌린 돈이다. 남의 것이기 때문에 약속한 기간 내에 전부 갚아야 한다. 자산이 수익을 만들어 내는 것과 달리 부채는 비용을 발생시킨다.

이러한 자산에서 부채를 뺀 나머지를 순자산, 또는 자본이라고 부른다. 순수한 자신의 재산이란 말이다. 쉽게 말해 순자산이 많다는 것은 자산이 부채보다 많다는 뜻이고, 순자산이 마이너스 상태이면 모든 재산을 팔아도 빚을 갚지 못한다는 뜻이다.

통상 기업들이 보유하고 있는 자산, 부채, 자본의 금액을 재무 상태라고 하는데, 이를 나타내는 보고서를 재무제표라고 한다. 보통 왼쪽에는 자산을, 오른쪽에는 부채 및 자본을 적는다. 투자자들이 어떤 특정한 기업의 재무 상태를 보려면 제일 먼저 재무제표부터 확인한다. 그걸 보면 그 기업이 자산이 많은지, 부채가 많은지, 얼마나 많은지, 얼마나 적은지 등등을 한눈에 알 수 있기 때문이다.

개인들도 자신의 재무 상태를 표로 작성해 보면 자산과 부채 구성에 어떤 문제가 있는지를 한눈에 알아볼 수 있다.

먼저 자신이 가지고 있는 모든 자산을 기재한다. 이때 환금성이 높은 자산부터 순차적으로 기재해야 한다. 보유 중인 현금과 금융자산을 먼저 기재하고 다음으로 투자 목적의 부동산 및 주거용 주택을 기재하면 된다. 금융자산도 수시로 출금이 가능한 요구불예금을 먼저 기재하고 장기투자 목적의 펀드나 변액보험, 연금저축액은 나중에 기재한다.

만약 사업을 하는 경우에는 사업장에 대한 임차보증금을, 전세로 사는 경우에는 집주인에게 맡긴 전세보증금도 나중에 돌려받을 자산이므로 모두 포함시켜야 한다. 또한 본인과 가족이 사용하는 차량이나 골프회원권 등도 당연히 포함돼야 한다.

이렇게 자산에 기재되는 금액은 현재를 기준으로 해야 하는데, 한마디로 재무상태표를 작성하는 날의 평가액을 기준으로 한다는 이야기이다. 금융자산은 현재까지의 이자수익이나 평가차익이 반영된 후의 금액을 기준으로 하고, 부동산 및 회원권은 현재 시세를 기준으로 기재한다. 또 차량은 연식에 따른 중고 가격을 감안해서 현재 시세로 평가한다.

이렇게 총자산을 모두 기재하고 나면 다음으로는 갚아야 할 부채를 기재한다. 부채도 자산과 마찬가지로 만기가 먼저 도래하는 것부터 순차적으로 기재한다. 차입금과 같은 금융기관 채무는 물론 나중에 반환해야 할 임대보증금이나 전세보증금도 모두 포함해야 한다.

이렇게 기재한 총자산에서 부채를 차감하면 자본, 즉 순자산이 계산된다.

재무상태표 작성 예시

목표		부채 및 순자산	
금융자산		**중장기 부채**	
유동자산		주택 관련 부채	4,000만 원
입출금식예금	400만 원	자동차 부채	1,000만 원
적금	120만 원		
		단기부채	
투자자산		신용카드대금	120만 원
적립식펀드	70만 원		
기타자산		**총부채**	5,120만 원
아파트전세금	1억 5,000만 원		
실물 자산		**순자산**	1억 2,070만 원
자동차	1,600만 원		
총자산	1억 7,190만 원	**총부채+순자산**	1억 7,190만 원

재무상태표 작성법

왼쪽에는 본인 또는 가정의 재산을 쭉 적는다. 금융회사에 맡겨 놓은 예금, 적금, 펀드, 주식, 보험, 연금도 있고, 아파트와 같은 주택이나 자동차 등등의 자산들이 있다. 그리고 오른쪽에는 빚을 쭉 적어 내려간다. 부동산담보대출, 자동차 할부, 신용카드 대금, 학자금 대출 등등이다. 그러면 왼쪽에는 자산의 총자산 합계액을, 오른쪽에는 총부채 합계액을 구할 수 있다.

그럼 총자산에서 총부채를 빼면 내가 얼마의 재산이 있는지, 빚은 얼마 있는지, 재산에서 빚을 빼고 나니 남는 게 얼마인지 한눈에 알 수 있게 된다. 그게 바로 본인이나 가정의 순자산이 되는 것이다.

그런데 이것을 작성할 때 주의해야 할 부분이 있는데, 바로 작성 날짜를 반드시 적어 놓아야 하는 것이다. 그래야 나중에 또 재무상태표를 작성할 때, 얼마의 기간 동안 얼마의 자산이 늘거나 줄었는지 정확히 알 수 있기 때문이다.

또 재무상태표는 자신이 보유한 자산이나 부채의 시가나 평가금액으로 기록해야 한다. 적금이면 매월 얼마 납입하는 금액을 적는 게 아니라, 현재까지 총 얼마 부었나를 적는 것이다. 주식이나 펀드도 투자원금을 적는 게 아니라, 기록 당시의 평가금액을 적어야 된다. 부동산도 마찬가지로 구입 당시의 가격이 아닌 현재 시가를 기록해야 한다. 부채는 본인이 빌린 총부채액 중 앞으로 갚아야 할 현재 잔액을 적어야 한다.

우리집 재무상태표

(날짜 : 201X. 12. 31.)

자산			부채 및 순자산		
현금	수시입출금		부채	신용카드	300만 원
	CMA/MMF	1,000만 원		신용대출	
				담보대출	2억 원
투자자산	정기예금	5,000만 원		임대보증금	
	적립식펀드	3,000만 원			
	거치식펀드	2,000만 원	부채총계(B)		2억 300만 원
	연금저축	4,000만 원			
	저축성보험	1,000만 원			
	투자부동산				
사용자산	주택	4억 원			
	임차보증금				
	자동차	2,000만 원			
기타자산			순자산(A-B)		3억 7,700만 원
자산총계(A)		5억 8,000만 원	부채와 순자산 총계		5억 8,000만 원

재무상태표를 작성한 후 이를 토대로 자산관리의 문제점을 파악해야 하는데, 재무상태표를 통해 체크해야 할 사항을 살펴보면 다음과 같다.

첫째, 단기채무 상환 여력을 체크해야 한다.
1년 내 상환해야 하는 부채가 있다면 이를 상환하기 위해서는 1년 내에 현금화할 수 있는 단기성 자산이 그 이상 확보돼 있어야 안심할 수 있기 때문이다.

둘째, 총자산 중 금융자산과 부동산의 비중이 적절한지를 확인해야 한다.
현재 우리나라 가계에서 금융자산과 부동산이 차지하는 평균적인 비율을 대략 2:8이라고 보는데, 개인의 성향에 따라 다소 차이는 있겠지만 현금 유동성이 특히 필요한 은퇴 시점을 기준으로 이 비율은 5:5, 혹은 좀 더 보수적으로 6:4 이상까지 조정하는 것이 바람직하다. 따라서 현 상태에서 점진적으로 그 비율을 조정하기 위한 노력을 시도할 필요가 있다.

셋째, 재무적인 위험을 줄이기 위해서는 부채 비율이 지나치게 과다하지 않도록 해야 한다.
지나친 차입금은 그에 비례해서 많은 이자비용의 지출을 가져오고, 또한 이자율의 급격한 상승이나 경기 위축 등으로 수입이 감소할 경우 재무적인 위험에 높이게 될 우려가 있다. 따라서 갚을 수 있는 능력을 생각해서 부채 규모가 적정한지를 잘 따져 봐야 한다.

넷째, 금융자산 중에서도 유동자산과 함께 보장자산과 연금자산을 포함한 전체 투자자산의 비중과 규모가 적정한지 체크해야 한다.

유동자산은 금방 현금화할 수 있는 자산을 뜻하고, 투자자산은 장기적 투자 목적을 갖는 자산을 뜻하는데, 유동자산과 투자자산은 수익성과 환금성이라는 측면에서 서로 배치된다. 불필요하게 유동자산을 많이 가지고 있으면 수익성이 떨어지고, 또 반대로 투자자산의 비중이 지나치게 높으면 수익성은 높을 수 있겠지만 환금성은 제약받게 된다.

따라서 생활비와 함께 급할 때 써야 하는 예비자금을 제외하고는 모두 예금과 적금, 그리고 여러 투자자산에 적립해 두는 것이 수익성 측면에서 바람직하다고 볼 수 있다. 물론 이런 자금은 모두 미래를 위한 준비자금이므로 그 목적에 맞게 투자되어야 한다.

아울러 투자자산에서 충분한 수익을 얻고 있는지도 확인해야 한다. 투자수익률이 낮거나 마이너스라면 그 이유를 파악한 다음 투자자산을 리모델링해야 한다. 그리고 당연한 얘기지만 개인적인 성향도 고려해야 한다. 손실에 대해 민감하거나 보수적인 사람에게 공격적인 투자는 맞지 않기 때문이다.

마지막으로 순자산 규모가 매년 증가하고 있는지도 살펴봐야 한다. 당연히 순자산이 증가하기 위해서는 자산이 증가하거나 부채가 줄어들어야 한다. 만약 그렇지 않고 순자산이 정체 상태이거나 줄어든다면 재무적으로 어떤 문제가 있는지를 체크하고 이를 바로잡아야 한다.

이러한 재무상태표는 현재 자신의 위치를 알려 주는 재무 나침반이 되어 준다. 본인이 가진 것들을 나열해 놓고 꼼꼼히 칸을 채워 가다 보면 어느새 자신도 모르게 가진 것들이 무엇인지, 부족한 것은 무엇인지 재무 상태를 스스로 깨닫게 될 것이다.

재무상태표 작성을 통해 자산과 부채의 상태를 파악하게 됨으로써 돈을 잘 관리하고 다루기 위한 첫걸음을 내딛을 수 있다.

그리고 중요한 것은 부부가 재무상태표 작성에 동의해 매년 꾸준히 함께 작성해 나가면서 가정 재무의 문제점과 해결점을 같이 의논해야 한다는 것이다.

돈이 무서운 주인이 될지, 뛰어난 하인이 될지는 당신에게 달렸다.

재무상태표 작성 시 체크사항

- 적정 비상자금(3~6개월 치의 급여)을 보유하고 있는가?
- 어떤 종류의 부채들(담보대출, 신용대출, 카드대출 등)이 있는가?
- 20% 이상의 고금리대출은 없는가?
- 총부채(50%를 넘지 않아야 함)가 적정한 수준인가?
- 주택 관련 부채가 30%를 넘는가?
- 총부채는 얼마이며, 한 달에 얼마씩 이자가 나가는가?
- 부채가 있다면, 어떤 부채부터 갚아 나갈 것인가?
- 부채는 얼마씩 갚아 나갈 수 있으며, 언제쯤 상환이 끝나는가?

현금 흐름을 통제하지 못하면 미래는 없다

"우리가 선택해야만 하는 인생의 계획에서 우유부단과 그것을 납득시키는
변덕스러움은 우리가 가진 모든 불행의 가장 큰 원인이다."

- 조지프 애디슨(영국의 수필가 겸 정치가)

합리적인 재무설계의 요건은 철저한 현금 흐름 관리이다. 현금 흐름을 제대로 통제하지 못한다면 투자도, 미래를 위한 연금 적립도 모두 불가능하기 때문이다. 이 같은 현금 흐름을 제대로 관리하기 위해서는 현금흐름표를 작성하면 된다.

현금흐름표는 매월 또는 연 단위로 작성하면서 그 기간 동안의 현금 수입과 현금 지출을 구분해 기재하는 것이다. 여기서 가장 중요한 것은 현금 수입과 현금 지출을 유형별로 나눠 기재해야 한다는 점이다.

수입은 크게 근로소득과 투자 활동에 따른 소득으로 구분해 기재해야 하고, 당연히 근로소득은 직장이나 사업체에서 벌어들인 수입을 적으면 된다. 또 투자 활동에 따른 소득은 부동산 임대 소득, 이자 소

득, 배당 소득, 기타 소득으로 주로 자산소득에 해당한다.

재무상태표에서 투자 자산의 규모가 크면 클수록 자산소득 금액도 클 것이다.

지출은 현금 유출을 가져오는 각종 지출 항목을 기재하면 되는데, 일상적인 지출은 크게 고정적인 지출과 변동적인 지출로 나누어 기재한다. 그 외에 각종 저축불입액이나 펀드투자액처럼 투자 활동에 따른 지출과 이자 비용 등 재무 활동에 따른 지출은 별도로 기재한다.

맞벌이 부부의 현금흐름표 예시

수입		지출	
근로소득		고정지출(A)	
본인	250만 원	부채상환액	60만 5,000원
배우자	200만 원	세금, 공적연금	32만 8,940원
		변동지출(B)	
		식비	40만 원
		주거비	12만 원
		피복비	6만 원
		교통비	20만 원
		통신비	11만 원
		문화오락비	10만 원
		용돈·기타	35만 원
		저축 및 투자(C)	
		저축	20만 원
		적립식펀드	10만 원
		보험	13만 5,000원
		총지출(A+B+C)	270만 8,940원
총수입	450만 원	순 현금흐름(총수입-총지출)	179만 1,060원

 **현금흐름표 작성법**

현금흐름표는 원래 일정기간 동안 기업의 현금 흐름을 나타내는 표인데, 한마디로 기업의 현금 변동 사항을 체크하는 표이다. 크게 보면 수입과 지출이다.

가정의 현금흐름표 작성도 어렵지 않다. 종이 한 장을 반으로 접어 왼쪽에는 자신 또는 부부가 한 달 동안 벌어들인 소득을 적고, 오른쪽에는 한 달 동안 쓴 지출을 쭉 적는다. 그러면 소득이 어디에서 얼마나 발생했는지, 지출도 어디에서 얼마나 발생했는지 한눈에 바로 알 수 있게 된다. 그렇게 다 적고 나서 총소득에서 총지출을 빼면 얼마가 남을 것인데, 그게 바로 가정의 순현금 흐름이 되는 것이다.

만약 맞벌이 부부라면 가정의 총소득과 총지출을 알아야 하므로 둘의 소득과 지출을 함께 적는 게 맞다. 이걸 작성해 보면 소득 적는 건 쉽다. 특히 급여생활자라면 매달 받는 월급을 적으면 된다.

그런데 지출을 적다 보면 조금 놀랄 수도 있는데, 왜냐하면 생각보다 지출이 많이 이루어지고 있다는 것에 놀라고, 특정 항목에 집중적으로 지출이 되고 있다는 것에 또 놀라게 되기 때문이다. 보통 남성의 경우 대개 술값에 놀라게 되고, 여성은 식비나 의류비에 놀라게 된다.

현금흐름표 작성 시 체크사항

이러한 현금흐름표를 통해 체크해야 할 사항은 다음과 같다.

첫째, 현금의 순증가를 통해 자산을 불리기 위해서는 현금수입액이 지출액보다 많아야 한다.

반복적으로 발생하는 근로소득과 자산소득에서 일상적인 지출과 재무 활동에 따른 현금 지출을 빼고 남은 것이 잉여현금인데, 이것이 저축이나 투자가 가능한 금액이고, 이 금액이 클수록 좋은 현금 흐름인 셈이다.

둘째, 소득원이 얼마나 다양한지 체크해야 한다.

근로나 사업소득 등 한 가지 소득만 있는 것보다 이자나 배당, 부동산임대, 기타소득 등 여러 가지 소득이 있는 것이 더 좋을 수밖에 없다. 사실 돈을 벌고 자산을 증식한다는 것은 결국 소득원을 다양화하기 위한 노력이라고 해도 과언이 아닐 정도로 소득의 다양화는 자산관리에서 매우 중요하다. 힘들여 고생하지 않고서도 안정적인 현금 수입을 얻는 것이 누구나 꿈꾸는 자산관리의 목표일 터인데, 이는 결국 소득 원천의 다양화를 의미하는 것이다.

셋째, 지출 규모가 적정한지를 점검해야 한다.

지출 규모를 줄이지 않고서는 절대 순자산을 늘릴 수 없으므로 불필요한 지출이 없는지 다시 한번 확인하고 이를 최대한 줄이는 노력을 해야 한다. 원하는 모든 지출을 다하고 나서 저축이나 투자를 하려고 한다면 순자산을 늘리기는 불가능하다고 봐야 한다.

넷째, 저축과 투자 비율이 수입에 비해 충분한지 체크해야 한다.

소득이 적은 20대와 30대는 자신의 긴 노후를 준비하기 위해서 수입액의 상당 부분을 모두 저축과 투자에 사용해야 한다. 물론 40대와 50대도 안정적인 은퇴자금 마련을 위해 반드시 꾸준한 저축과 투자를 해야 한다.

다섯째, 차입금에 대한 이자 비용이 적정한지 체크해야 한다.

현금 수입의 상당 부분이 이자 비용으로 다시 새 나간다면 현금 증가를 통해 자산을 증식하기가 어렵기 때문이다. 특히 금리가 상승하는 상황에서는 여유 자금을 새로운 투자보다는 대출금을 갚는 데 사용해서 부채를 줄이는 게 우선이다.

순현금 흐름이 플러스여야 한다

가계의 현금 흐름을 살펴보기 위해 우선 수입의 종류와 수를 살펴봐야 된다. 일단 수입의 종류와 수가 많으면 많을수록 좋겠지만, 직장인인 경우 사실 급여 하나가 소득의 전부인 경우가 많다. 문제는 현금흐름표를 통해 적자인지 흑자인지 봐야 되고, 총수입과 총지출을 보면서 저축은 얼마나 하고 있고, 위험 대비는 어떻게 하고 있는지, 고정지출과 변동지출 중 줄일 수 있는 부분은 없는지 등등을 체크해 봐야 한다.

여기에서 고정지출이라 함은 보통 세금이나 공적연금, 건강보험, 부채상환액처럼 매달 거의 비슷하게 고정적으로 나가는 돈을 말한다. 그리고 변동지출은 식비나 의류비, 교통비, 통신비처럼 매달 금액이 수시로 달라지는 것들을 뜻한다. 그래서 현금흐름표 우측에 고정지출과 변동지출을 적고, 그 밑에 자신이 가입한 저축과 펀드, 보험 등을 적으면 그걸 모두 합해 총지출이 나오게 된다.

이렇게 꼼꼼히 현금 흐름을 다 적고 나서 이제 총수입에서 총지출을 뺀다. 그러면 우리 가정의 순현금 흐름이 남게 되는데, 이 순현금 흐름이 플러스여야 되는 것이다. 그것이 저축이나 투자 가능 금액이 되니까 말이다.

우리집 현금흐름표

(기간 : 201X. 12. 1.~201X. 12. 31.)

수입		지출		
근로소득	400만 원	고정적 지출	식비	35만 원
사업소득			아파트 관리비	20만 원
부동산임대소득			세금 및 공과금	80만 원
이자(배당)소득			보험료	20만 원
기타소득			교육비	30만 원
			문화·통신비	30만 원
		변동적 지출	외식비	15만 원
			피복비	15만 원
			의료비	15만 원
		투자지출	적립식펀드	40만 원
			연금저축	33만 원
			저축성보험	40만 원
		재무적 지출	이자 비용	17만 원
현금수입 계(A)	400만 원	현금지출 계(B)		390만 원
		현금증가액(A-B)		10만 원

현금흐름표를 잘 작성해서 꼼꼼히 체크해 보면 그동안 몰랐던 자신의 돈 관리 상태에 대해 자세하게 깨닫게 된다. 이러한 현금흐름표는 크게 두 가지 장점이 있다.

첫째로 미래의 재무계획 및 투자 계획의 기초를 제공한다.

잘 정리된 재무상태표와 현금흐름표는 향후 모든 재무계획 수립의 기초자료로 활용이 가능하다. 따라서 머리로 대충 계산하지 말고 반드시 눈으로 수치 확인이 가능하도록 꼼꼼하게 기록하는 것이 중요하다.

둘째로는 이런 식으로 본인의 재무상태표를 작성하다 보면 객관적인 자기반성의 시간을 가지게 된다. 당연한 얘기지만 100억대 부자와 아무것도 가진 것 없는 사회초년생의 재무 계획은 같을 수가 없다. 각자에 맞는 재무 전략이 있기 때문에 나의 상태를 파악하는 것은 향후 나에게 어떤 전략이 가장 적절할 것인지를 판가름하는 기준이 될 것이다.

현금 흐름을 제대로 통제하지 못한다면 절대 미래를 위한 축적이 불가능하다.

 **나의 과소비 지수**

$$\frac{\text{월 평균 수입} - \text{월 평균 저축}}{\text{월 평균 수입}}$$

- **1 이상** – 재정적으로 매우 위험한 상태이다. 자신의 소비 성향을 점검해 보고, 수정해야 한다.
- **0.7~1 미만** – 과소비 상태이므로 소비를 줄여야 한다.
- **0.5~0.7 미만** – 적당한 수준의 소비를 하고 있다. 지금보다 더 나은 삶을 원한다면 좀 더 소비를 줄여야 한다.
- **0.5 미만** – 진정한 구두쇠이다. 필요에 따라 소비를 조금 늘려도 좋다.

Chapter 4

연령별 재무설계 전략 짜기

20대엔 어떤 재무설계가 필요할까

"향락을 자제하는 것만이 밑천이다."

- 토마스 브라쉬(영국의 극작가)

　인간의 삶을 크게 구분해 본다면 아마 유아기, 청소년기, 장년기, 노년기 정도로 나눌 수 있다. 각 시기마다 우리가 배워야 할 것들이 다르고, 살아가는 방식이나 생각하는 바도 다를 것이다.

　재무설계 역시 마찬가지이다. 연령대별로 개인의 자산 상태나 재무구조, 투자 성향에 따라 차이가 있기 때문이다. 따라서 라이프사이클에 따라 계획을 세우는 것이 바람직하다.

　그럼 20대의 라이프사이클을 고려해 본다면 어떤 재무설계 전략이 바람직할까?

　보통 20대는 부모의 도움을 받아 교육을 받고 생활을 하는 시기인

동시에 사회에 첫발을 내디뎌 돈을 벌고 자산을 형성해 나가는 시기이기도 하다. 때문에 이 시기에는 자산을 지속적으로 안전하게 늘릴 수 있도록 관리하는 것이 포인트라고 할 수 있다.

하지만 대부분의 20대 젊은이들이 노후 준비는 자신과 상관없는 머나먼 이야기라고 생각한다. 그리고 또 일을 계속하다 보면 따로 노력하지 않아도 저절로 돈이 모일 것이라고 착각한다. 하지만 세월은 생각보다 대단히 빨리 지나가고, 계획이나 노력 없이 돈은 절대 모이지 않는 법이다.

필자 또한 20대 후반부터 직장생활을 하였는데, 당시에는 '자산관리'에 대한 개념은커녕, 노후 준비 같은 건 생각지도 못했다. 굳이 변명을 하자면 내가 하는 일에만 집중을 하다 보니 다른 건 전혀 눈에 들어오지 않았던 것이다. 한마디로 일과 직장에 올인하고 있었던 것이다. 그런데 막상 회사를 그만두고 나오니까 모아 놓은 돈이 없어 너무나도 허무했다. 그때 당시 '아, 인생이 내 맘대로 되는 게 아니구나. 안 좋을 때를 대비해야겠다'라는 생각을 하며 후회를 했던 기억이 있다.

따라서 이 시기에 해야 할 가장 중요한 것은 인생의 계획을 세우는 것이다. 인생을 집 짓는 과정에 비유한다면 이 시기는 기초공사를 하는 시기에 해당한다. 잘못된 기초공사로는 집을 올바르게 지을 수 없듯이 그래서 20대에는 자신의 인생에 있어 '어떠한 삶을 살 것인가'에 대한 명확한 목표 설정을 해야 한다. 그리고 계획을 세워 그것을 꾸준히 실행해 나가는 것이 필요하다.

이 시기에는 주로 적금처럼 매월 일정액을 불입하는 형태의 비교적 안전하고 위험성이 적은 저축과 투자를 중심으로 구성하여, 자산 증식을 위한 종잣돈을 마련하는 재무설계 전략이 필요하다.

또한 20대가 명심해야 할 점은 수입이 발생함과 동시에 지출 관리를 시작해야 한다는 것이다. 지출을 통제하지 못하면 시작부터 마이너스 인생이 될 수 있다. 본인의 능력을 넘어서는 지출이 계속되면 신용불량자가 되는 것은 순식간이고, 그로 인해 사회적으로 여러 가지 불이익을 감수해야만 한다. 때문에 20대는 과소비, 허영, 분에 넘치는 욕심에 대한 자기관리가 반드시 필요하다.

만약 이 시기에 돈 쓰는 재미에 푹 빠져 흥청망청 살거나, 우연히 들은 정보만 믿고 위험한 투자를 하기라도 한다면, 금세 통장에 한 푼도 남아 있지 않게 될 수도 있을 뿐만 아니라 빚에 허덕이게 될 가능성이 높아진다. 결국 이 시기를 잘못 보내면 최악의 경우, 자산을 증식해야 할 때 자산이 줄어들거나 파산하는 쓰라린 경험을 하게 될 수도 있다.

따라서 남들이야 어떻게 목돈을 굴려서 자산을 불릴까 고민하겠지만, 이 시기에는 돈 모으기에 집중하고 매달려야 한다. 종잣돈 마련을 위해 인내하면서 향후 계속될 자산설계에 대한 기본지식과 투자 요령을 익혀 합리적인 의사결정을 위한 준비를 철저히 해야 하는 것이다.

또한 '세 살 버릇이 여든까지 간다'는 속담처럼, 투자 및 소비 성향도 처음 사회생활을 시작한 20대에 형성된 소비 습관과 투자 경험 등에 따라 지속되는 경향이 있다. 따라서 20대에 합리적인 소비와 적절한 투자 방법을 익히는 것이 매우 중요하다. 이를 위해 투자 경험이 많은 주변사람이나 전문가의 조언을 들어 가며 첫 시작부터 제대로 된 소비와 투자를 하도록 노력하는 것이 좋다.

그리고 무엇보다 노후자금 마련의 핵심 전략은 빨리 준비하는 것이다. 적은 돈이라 하더라도 일찍 투자를 시작한다면 그것이 씨앗이 되어 시간과 복리라는 비료를 더해 커다랗고 풍성한, 쉴 만한 나무가 만들어진다는 것을 잊어서는 안 된다.

20대는 포르쉐?!

20대 남자에게 가장 큰 소비는 자동차가 아닌가 싶다. 필자 또한 20대 때를 돌이켜보면, 멋진 자동차 한 대가 그렇게 갖고 싶었다. 뭐 포르쉐 같은 차.

그런데 사실, 포르쉐는 둘째 치고 그냥 일반 자동차 한 대도 사기 힘든 게 20대이다. 만약 자동차 할부를 우습게 보고 구매 능력도 없는 사람이 그냥 쉽게 구매해 버리면 인생에서 부를 축적할 수 있는 가장 좋은 시기를 망쳤다고 보면 된다. 보통 3년이 됐든 5년이 됐든 할부로 구매하면 평생 할부 인생으로 살아갈 가능성이 많다. 대개 할부금을 완납하고 나서 또 새 자동차를 할부로 구매하게 되기 때문이다. 자연히 매달 나가는 30만 원이나 40만 원 정도가 자산 축적에 쓰이지 않고 사라져 버리는 것이다.

그뿐만이 아니라, 자동차세며, 보험료, 기름값, 수리비 등 유지비를 더해 보면 적어도 배는 나간다고 봐야 된다. 그럼 월급 200이나 300만 원을 받아도 거기에서 1/3, 1/4 정도가 매달 뚝딱 사라지게 된다.

그렇다고 아예 자동차를 사지 말라는 건 아니다. 이왕이면 중고차를 알뜰하게 구입해서 비용을 아낀다거나 평소 출퇴근은 지하철이나 버스로 하고, 데이트는 카쉐어링을 이용하거나 하면 비용을 많이 줄일 수 있을 것이다. 그럼 그 돈을 모아서 자산을 축적할 수 있는 기회, 즉 종잣돈을 마련할 수 있다.

충전지식

자동차 구입 시 월 부담액

만약 1,500만 원짜리 자동차를 500만 원의 종잣돈을 주고 1,000만 원의 대출을 받아 구입해야 한다면 부담해야 할 비용들이 얼마인지 살펴보자.

- **비용 1** 1,000만 원의 자금을 대출받게 됨으로써 부담되는 1,000만 원의 연간 8% 정도에 해당하는 이자
- **비용 2** 10년간 차를 이용하고 다음에 새 차를 구입한다면, 그래서 그 중고차 가격이 100만 원도 하지 않을 것이라면 자동차의 감가상각비로 부담하는 매년 140만 원의 비용
- **비용 3** 500만 원의 자금을 예금하지 못함으로써 얻지 못하는 500만 원의 연간 4%에 해당하는 이자
- **비용 4** 자동차세와 보험료를 납부하고, 기름값과 각종 주차비, 통행료를 내면서 부담하는 월평균 30만 원 정도의 지출

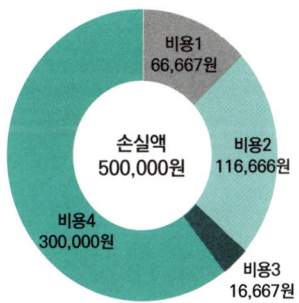

이것을 복리로 계산하면 연간 600만 원(매월 50만 원)을 4% 이자 복리로 투자 시 10년 후 7,200만 원(세후)이 된다.

20대의 자산관리법

20대는 돈을 이제 막 모으기 시작하는 시기이다. 돈을 잘 모으기 위해서는 처음 돈을 모으기 시작할 때부터 좋은 습관을 기르는 것이 중요하다. 20대에 알아 두어야 할 유익한 자산관리 방법을 살펴보자.

첫째, 종잣돈을 빨리 마련한다.

당연한 말이지만, 많은 돈이 있을 때 더 효율적인 투자가 가능하다. 더 다양한 자산에 투자할 수 있고, 더 여유 있는 자세로 투자할 수 있는 것이다.

처음에는 너무 적은 돈이라고 생각할 수도 있지만, 꾸준히 자금을 모아 나가면 원하는 종잣돈을 만들 수 있다. 그러고 나서 금액에 맞는 적극적인 자산 운용을 시작해도 늦지 않다.

예를 들어 노후를 위해 60세에 1억 원을 마련하려는 계획을 세운 20세, 30세, 40세, 50세 4명이 있다고 가정하면, 이 4명이 금리 4%의 상품에 가입한다면 매월 적립해야 하는 금액은 얼마가 될까?

1억 원을 마련하는 데 필요한 연령별 매월 저축액

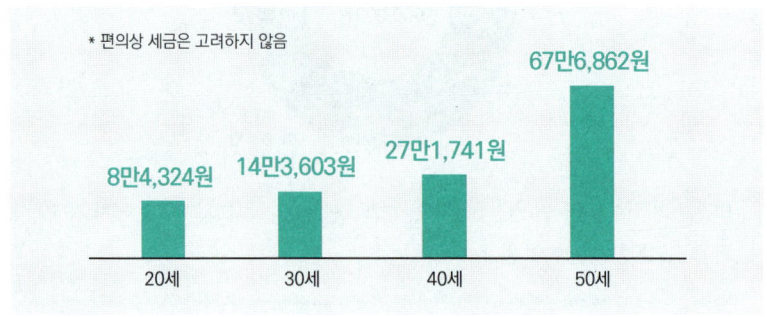

20세와 50세의 적립 기간은 4배(20세는 40년 동안 적립하고 50세는 10년 동안 적립하므로)이지만, 총 적립 원금의 차이는 2배에 달한다.

둘째, 먼저 저축부터 하고 나서 지출한다.

많은 사람이 월급을 받으면 쓰고 남은 돈을 저축하는데, 사실 월급을 받아서 카드 결제액과 용돈을 빼고 나면 저축할 돈이 얼마 되지 않는 경우가 많다. 이런 방식으로는 절대로 돈을 모을 수 없다.

'20대라면 월수입의 50% 이상은 저축한다'는 원칙을 가지고 시작하는 것이 바람직하다. 월급에서 이 정도의 돈을 먼저 저축한 후에, 남은 돈을 가지고 쓰는 것이 습관화 돼야 한다.

셋째, 통장은 쪼개어 관리한다.

일반적으로 월급 통장을 활용해서 수입과 지출을 한번에 관리하는 경우가 많은데, 이보다는 2~3개 정도의 통장을 더 만들어서 목적성 자금을 준비하거나 수입 통장, 지출 통장 등으로 사용하는 것이 효과적이다. 이렇게 몇 개의 통장에 각각의 용도로 저축하였다가 사용하는 방법이 바로 '통장 쪼개기'이다.

또한 성과를 얻을 수 있게끔 통장에 뚜렷한 목표와 동기를 적어 두는 것도 좋은 방법이다. 예를 들어 적금통장 앞에 '여행자금' '결혼자금' 등으로 목표를 명확히 하고서 저축을 하면 적금을 깨고 싶은 유혹이 있을 때 다시 한번 생각할 수 있는 계기가 될 것이다.

넷째, 체크카드를 사용한다.

신용카드는 한 달 후에 결제하는 것이므로 현 상황에서는 부채를 증가시키는 것이다. 또한 당장의 현금 지출이 없으므로 지출 통제가 잘 되지 않아 충동구매를 하기 쉽다.

하지만 체크카드는 통장에서 사용금액이 즉시 인출되고, 통장에 잔액이 없으면 사용할 수 없기 때문에 충동구매를 억제할 수 있다. 마치 가계부를 매일 쓰는 것과 비슷한 효과를 얻을 수 있는 것이다.

다섯째, 대출은 최대한 피한다.

대출은 잘 이용할 수만 있다면 유익할 때도 있다. 하지만 아직 인생의 큰 이벤트도 발생하지 않은 20대에 대출받아서 사용한다면 돈을 인출할 때는 좋지만, 돈을 갚을 때는 많은 희생이 필요하다. 특히 꼭 필요한 것도 아닌데 마이너스대출을 이용하는 경우에는 충동적 구매나 지출로 마이너스 인생을 살게 될 수도 있다. 따라서 꼭 필요한 상황이 아니라면 대출은 최대한 피하는 것이 좋다.

20대에는 '카드가 있으니 일단 쓰고 보자. 남는 게 있으면 저축하면 되지'라고 생각할 수도 있다. 또 '요즈음 같이 금리가 낮은 때에는 저축으로 돈 모으는 건 바보나 하는 짓이다. 돈이 부족하면 대출받아 사용하면 되지'라고 생각할 수도 있다. 만약 이런 생각을 갖고 있다면 빨리 생각을 고치는 게 좋다. 돈이 절대로 안 모일 테니까 말이다.

20대는 소비 욕구가 왕성한 때이다. 하지만 미래를 위해서는 종잣돈이 반드시 필요하다. 그 밑천을 준비하는 것이 20대에 가장 필요한 재무설계 전략이다.

30대엔 어떤 재무설계가 필요할까

"생활의 기술은 춤보다는 씨름에 가깝다."
- 마르쿠스 아우렐리우스(로마의 황제 겸 철학자)

30대는 경제활동이 왕성하게 이루어지는 시기임과 동시에 인생의 여러 가지 중요한 일들이 발생하는 때라고 할 수 있다. 즉 주택 마련 및 확장, 자녀 양육비 및 교육비 등 지출 규모가 늘어나는 때이기도 하지만, 사회생활을 통해 소득도 증가하는 때이기도 하다. 그래서 어느 정도의 자산을 형성해서 자산을 불리는 시기라고 할 수 있다.

우선 부모로부터 독립을 하고, 또 결혼을 해 가정을 꾸리면서 자녀들도 낳게 된다. 따라서 그에 따른 지출이 발생하게 된다. 이렇듯 생활비가 늘어나는데, 동시에 노후자금도 마련해야 하니 머리가 복잡해질 것이다. 그러므로 현재의 지출을 감당해 가면서 동시에 노후자금을 마련하려면, 전략적으로 계획을 세워야 한다.

우선 이 시기는 자산관리에 대한 관심도 높은 데다 굴릴 만한 목돈도 있고, 소득도 계속 늘어나므로 자산을 어떻게 효율적으로 운용하느냐가 관건이다. 그렇기 때문에 30대는 조금 위험하더라도 높은 수익을 얻을 수 있는 곳에 투자하여 자산을 최대한 늘리는 재무설계 전략이 요구된다.

또한 성공적인 재무설계를 위해서 전문가들에게 많은 조언을 구해 이를 응용해 보는 자세가 필요하다. 아울러 금융자산을 비롯해 모든 투자 가능한 자산에 대한 투자 방법을 올바르게 익히는 것이 유리하다.

무엇보다도 중요한 것은 목적 자금 마련이든 노후설계 자금 마련이든, 설계에 앞서 자신의 자산과 부채 상태를 정확히 파악해야 한다는 것이다. 쓸데없이 낭비되고 있는 지출은 없는지, 부채 금액과 그 상환 방법은 적절하게 이루어지고 있는지, 자산은 어떤 방식으로 투자하고 있으며, 보유한 자산이 얼마인지 등등을 정확하게 알아야 자신의 상황에 걸맞은 노후 설계 및 인생 설계가 가능하기 때문이다.

그래서 이러한 30대에는 현실의 만족스런 소비 활동과 미래를 대비한 노후자금 마련 사이에서 적절한 균형을 잡는 것이 매우 중요하다고 할 수 있다.

그리고 결혼 전까지는 자녀로 인해 발생하는 비용이 없으므로 하루라도 빨리 저축과 투자를 시작해 복리의 효과를 누리도록 해야 한다. 결혼 후에는 가족으로 인해 생활비 지출이 늘어나고, 자녀들의 탄생에 따른 양육비, 교육비 등이 발생해 여유자금이 줄기 때문이다.

자금은 자녀가 없을 때 빨리 쌓아 두어야 한다

아이가 생기면 그때부터는 자금을 모으는 것이 정말 어렵다.
한 자료에 의하면, 일단 출산할 때 대략 적어도 200만 원에서 300만 원 정도가 들고, 양육비는 영아기 때 평균 2,500만 원가량, 유아기 때 평균 3,000만 원가량 드는 걸로 나온다. 그러니까 초등학교 들어가기 전까지 대략 6,000만 원 정도 든다는 말이다.
이걸 월별로 계산해 보면 한 달에 대략 90에서 100만 원 정도가 지출된다고 봐야 한다. 그러니 저축할 여유 자금이 부족할 수밖에 없는 것이다.

또한 이와 동시에 내 집 마련도 해야 하므로 적은 돈이라도 꾸준히 노후를 위해 모아 가야만 한다. 주로 30대에는 주택 구입을 하기 위해 대출을 받는 경우가 많아 부채가 증가하게 된다. 그렇지만 무리한 대출로 인한 부채는 노후 설계 및 전체 재무설계를 흔들 수 있으므로 반드시 주의해야 한다. 과도한 부채를 짊어지지 않도록 노력하고 구체적인 상환 계획을 잡는 것이 중요하다.

마지막으로 짚어 둘 점은 행복한 가정생활을 영위하기 위해서 언제 닥칠지 모르는 나와 내 가족의 위험을 대비해야 한다는 것이다. 그런 의미에서 보장자산은 인생의 재무설계와 노후설계에 있어 매우 중요한 부분을 차지한다고 말할 수 있다.

그래서 30대에는 보장성 보험 등 보장자산에 대한 면밀한 재검토가 필요하다. 자신은 물론 가족에게까지 보험이 효력을 발휘하도록 전반적인 보장 범위를 확대한다든지, 필요에 따라서는 추가로 보험에 가입하는 등의 조치를 취하는 것도 고려해 볼 필요가 있다.

집, 살까 말까?

20대 남자 같은 경우 보통 자동차가 자산 축적의 걸림돌인데 반해 30대는 주로 집이 문제이다. 집 때문에 고통 받는 가정들이 꽤 있고, 집을 구매하는 문제는 액수가 크기 때문에 신중해야 한다. 그런데 대출 이자율이 갈수록 낮아지고, 부동산 중개업소나 언론에서 자꾸 부추기고 하다 보면 자기도 모르게 감당 안 되는 빚을 진 채, 아파트를 덜컥 사 버리게 되는 경우가 있다. 이런 상황에서 사업이 조금 기운다거나 의도치 않게 직장을 그만두게 돼 버리면, 대출금이 눈덩이처럼 불어나는 건 순식간이다.

물론 집 한 채가 있으면 좋다. 그런데 과거처럼 집을 사 놓기만 하면 집값이 껑충껑충 뛰던 시절은 구조적으로 이제 오기 힘들다. 그렇다면 감당하기조차 힘든 대출을 끼고 힘겹게 집을 구매하기보단 집을 빌려 쓰는 게 좋은 대안이 될 수 있다.

일단 집을 구매하는 가격이 전세가보다는 높기 때문에 이에 대한 금융비용이 훨씬 많이 든다. 예를 들어 2억 원짜리 집을 구매한다면, 이를 예금에 맡겨서 받을 수 있는 금리만큼을 금융비용이라고 봐야 하는데, 요즘 전세가가 매매 가격 대비 70% 정도 하니까 금융비용도 그만큼 줄어들게 된다. 또 집을 구매하면 취득세와 같은 세금을 내야 하는데, 이게 매매가에 매기는 거라 금액이 꽤 되고, 거기에 법무사 수수료와 등기비용 등을 합치면 구매로 인해 나가는 돈이 상당하다. 그뿐인가, 내 집이다 보니 수리비 또한 꽤 든다. 하지만 전세는 예금금리만큼만 금융비용에 해당하고, 세금이나 법무사 수수료, 등기비용이 나가질 않는다. 수리비도 없다.

그래서 집값이 뛰지 않는다는 가정하에서는 전세가 유리할 수밖에 없다.

내 집을 선택하기 위한 비교평가 항목

분류	체크리스트
사전 준비	· 투자 목적이 분명해야 한다 · 본인의 사정이나 여건을 정확히 진단한다.
건설업체	· 시행사 및 시공사를 객관적으로 평가한다.
가격	· 해당 지역의 시세를 정확히 파악한다.
주변 환경	· 교통이 편리해야 한다. · 자녀의 나이에 맞는 교육시설이 있는지 확인한다. · 가까운 곳에 생활편의시설이 잘 갖춰져 있어야 한다. · 도움받을 수 있는 사람이 근처에 살고 있으면 좋다. · 주변지역의 범죄율, 치안상태 등을 파악한다. · 주변에 오염 발생 시설이 없어야 한다.

분류	체크리스트
단지 여건 및 규모	· 대단지 아파트가 좋다. · 녹지공간이 충분히 확보된 곳이 주거가치가 높다. · 주택형별 가구 수, 향과 층, 라인 배치, 용적률, 현관 구조 등을 확인한다. · 가구당 주차면적이 넓으면 편리하다.
주거공간 및 내부시설	· 공간이 효율적, 기능적으로 잘 설계되어 있어야 한다. · 첨단시설과 설비가 잘 갖춰져 있어야 한다. · 부실 여부를 점검한다.
투가가치 및 장래 발전	· 도로 여건이 좋고, 조망권이 우수한 아파트가 투자 가치가 높다. · 대단지 역세권 아파트가 투자 가치가 높다. · 장래 발전 가능성을 보고 투자한다.
기타	· 모델하우스보다 실제 현장을 방문한다. · 심리적 요인보다는 과학적으로 분석한다. · 관리비가 저렴하여야 한다.

출처 : 한국토지주택공사

전월세 계약 전 체크사항

만약 집을 사지 않기로 결정했다면, 전세나 월세를 구해야 한다. 그런데 30대는 부동산 거래를 해 본 경험이 별로 없어 전월세를 구할 때 간혹 피해를 입는 경우를 볼 수 있다. 그렇게 되면 금액이 만만치 않아 그로 인한 경제적·심적 고통은 이루 말할 수 없다. 따라서 전월세 계약 전에 다음의 사항들을 꼼꼼하게 살펴야 내 소중한 재산을 지킬 수 있다.

계약 전 유의사항 → 임차할 주택의 상태, 시설물의 하자 등을 현장답사를 통해 체크

임대 권한이 있는 자와 계약하되, 계약자 본인 명의의 주민등록증 확인
(대리계약의 경우 : 위임장, 인감증명서 확인 후 보관)

등기부등본상 근저당 등의 권리 등재 및 채권 확보 여부 확인

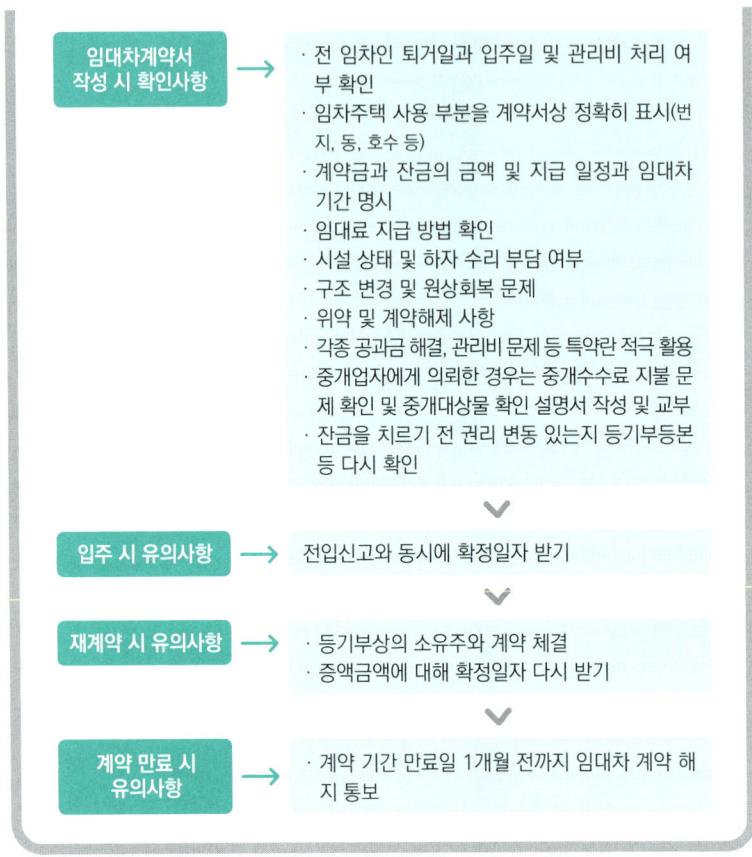

출처 : 한국토지주택공사

　결혼을 해서 가정을 꾸리게 되면 주택 구입이나 자녀 양육비 등 목돈 나가는 일이 생기고 생활비도 점점 늘어나게 된다. 그 와중에 노후자금도 마련해야 하니 머리가 복잡해진다. 이럴 때는 여러 가지 재무목표 중에서 가장 중요한 목표부터 우선순위를 두고 차근차근 실천하는 것이 중요하다.

30대의 자산관리법

그럼 30대에 알아 두어야 할 유익한 자산관리 방법을 살펴보자.

첫째, 먼저 저축하고 나머지를 지출한다.

재무 목표를 설정하고 이를 달성하기 위한 계획을 세웠다면 목표한 대로 먼저 저축하고 나머지를 지출하는 습관을 기른다. 특히 자녀가 태어나기 이전의 신혼부부라면 미혼 시절과 마찬가지로 소득의 50% 이상을 저축할 수 있도록 한다.

둘째, 주택담보대출 이외의 빚은 모두 갚는다.

이 시기에는 가족이 생기고 주택 및 자녀와 관련된 여러 재무적 책임이 발생한다. 따라서 자녀가 태어나기 전에 학자금 대출이나 자동차 할부금, 신용카드 빚과 같이 주택담보대출 이외의 부담이 되는 모든 빚은 갚도록 하는 것이 좋다. 빚을 갚고 여유가 생기면 비상자금을 만든다. 현재 고금리 대출을 이용하고 있다면 저금리 대출로 전환할 수 있는지 확인해 보고, 가능하면 저금리 대출로 전환하는 것이 좋다.

셋째, 은퇴를 위한 저축을 시작한다.

자녀 출산 및 양육, 주택 마련 등 여러 가지 재무 목표들로 인하여 은퇴자금 마련을 소홀히 할 수 있다. 그러나 복리 효과를 감안한다면 은퇴를 위한 저축의 시작은 빠르면 빠를수록 좋다. 은퇴에 대한 구체적인 목표와 계획을 세워 조금씩이라도 저축을 시작하도록 한다.

넷째, 통장 쪼개기와 분산투자를 한다.

여러 재무 목표를 위한 저축이 한 번에 진행되어야 한다. 따라서 각 목표에 따라 저축 및 투자 종목을 정해 구분해서 저축하는 것이 좋다. 저축과 투자의 목표가 분명한 경우, 중간에 그 자금을 깨서 다른 소비에 사용하고자 하는 유혹을 쉽게 물리칠 수 있기 때문이다.

또한 목표 달성도를 체크해 볼 수 있다는 장점도 있다. 그리고 중요한 건 위험과 수익에 따라 적절히 분산투자를 하여야 한다는 것이다.

청년 시절에는 찬란한 미래가 있어 좋았지만, 막상 가정을 이루게 되면 아등바등하면서 현실에 얽매이게 된다.

젊음은 단 한 번인만큼 소중하다. 하지만 늙음도 단 한 번인만큼 잘 준비해야 한다.

지출을 줄이고 저축을 늘리는 방법

일단 신용카드를 안 쓰는 게 첫째이다. 그리고 이어 외식비를 줄이는 것이다. 그다음으로는 만만치 않은 통신비를 줄여야 한다. 그리고 문화비나 오락비 같은 경우에는 가급적 무료로 즐길 수 있거나 저렴한 것을 찾는 게 좋다. 마지막으로 마트나 쇼핑몰 자주 가는 것을 자제하는 게 좋다. 당장 뭔가 필요 없어도 일단 가게 되면 좀 더 사게 마련이기 때문이다.

그리고 출산이나 양육비를 줄이는 게 또 관건이다. 그러기 위해서는 손품을 좀 팔아야 된다. 국가나 지방자치단체에서는 저출산 문제 해결을 위해 임신이나 출산, 보육이나 교육 등에 정책적으로 지원해 주고 있는데, 요즈음엔 임신이나 출산진료비도 일부 지원되고, 출산 전후에 휴가나 급여도 받을 수 있으며, 보육료나 교육비도 일부 지원받는다. 물론 만족하기는 어렵겠지만, 그래도 가정 경제에 큰 도움이 된다. 그러므로 자세히 알아보고 최대한 지원받는 게 좋다.

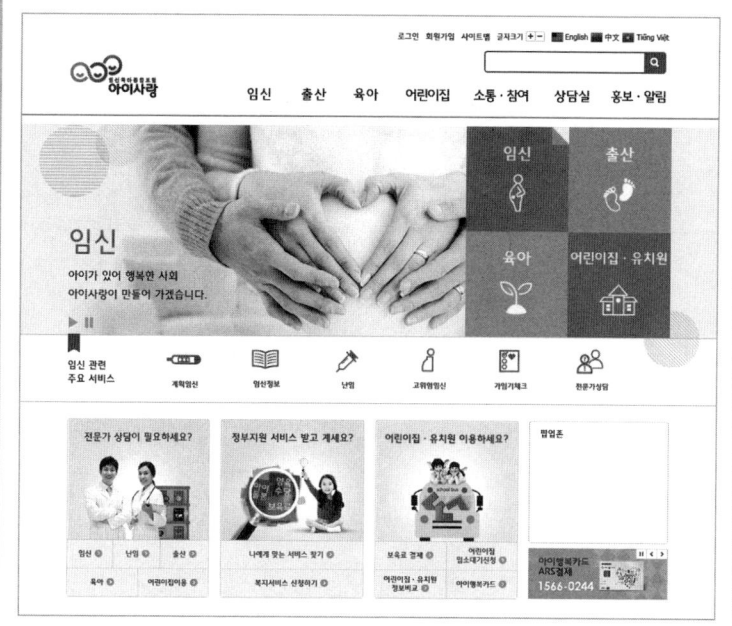

출처 : 임신육아종합포털 아이사랑

이런 정보는 일단 포털사이트에서 신문기사를 검색하는 것도 좋고, 지자체 홈페이지를 통해서도 알 수 있다. 대개 보건복지부나 고용노동부 사업이라 보건복지부 콜센터(129번)나 고용노동부 콜센터(1350번)에 전화해서 물어봐도 된다.

그리고 요즈음에는 인터넷 카페를 통해서도 정보를 얻는 사람들이 엄청 많다. 그래서 신뢰가 가고 활동 많은 인터넷 카페에서 정보를 공유하는 것도 나쁘지 않다.

40대엔 어떤 재무설계가 필요할까

"나는 천체의 운행은 계산할 수 있지만, 인간의 광기는 계산할 수 없다."

- 아이작 뉴턴(영국의 물리학자)

40대는 사회적으로 안정적인 위치에 올라 있으며, 경제적으로도 목돈을 운영하고 있는 시기이다. 때문에 이 시기에 어떻게 자산 운용을 하느냐에 따라 노후를 보낼 은퇴 자금의 액수가 달라질 수 있다. 그리고 한편으로는 지출이 많은 시기이기도 하다. 자녀들의 연령이 높아짐에 따라 교육비 지출이 예전보다 많아질 것이고, 주택구입 자금 혹은 주택을 구입하기 위해 대출 받은 돈을 상환하느라 정신이 없을 수도 있는 시기이다.

또한 이 시기는 은퇴가 점점 가까워지는 때이다. 물론 내 집 마련도 거의 완성되어 있는 때이고, 그동안 투자해 둔 돈 역시 어느 정도 모였을 때이다. 따라서 매달 꾸준하게 투자하는 노후자금 외에도 모아진 자산을 잘 운용하여 이익을 거두기 위해 애써야 한다. 그러면서 동시에 은퇴 시기와 필요 자금을 계산하는 등 보다 구체적으로 노후를 그려야 한다.

결국 이 시기는 소득 수준이 가장 높은 시기이지만 퇴직이 얼마 남지 않아 수입이 중단되었을 때를 대비해서 자산을 지켜야 하는 시기라는 이야기이다. 그렇기 때문에 이때는 '한 방'을 노리는 식의 투자는 당연히 금물이다.

젊었을 때야 위험자산에 투자하여 다소 손실을 보더라도 '젊음'이라는 강력한 무기를 내세워 훌훌 털어 버리고 다시 일어설 수 있지만, 이 시기에 만약 위험한 투자로 큰 손실이라도 보게 되면 이를 회복할 수 있는 시간도, 또 돈도 아주 부족하다는 점을 잊어서는 안 된다.

인생은 한 방이라고?

사람마다 다르지만, 보통 남자가 여자보다는 한 방 심리가 좀 더 강한 것 같다. 여성들은 주로 보험이나 부동산에 대해 궁금해하지만, 남자들은 투기성이 강한 주식에 대해 물을 때가 많다.

남자들이 주식을 하게 되는 경로를 살펴보면, 일단 처음에는 주위에서 들리는 혹 하는 소리를 듣고, 그래도 나름 알려져 있는 그런 주식을 산다. 그런데 예상과 달리 주가가 떨어지게 되면 본전 심리가 발동한다. 그래서 새롭게 좀 더 투기성이 짙은 주식을 물색하다가 잘 알지도 못하는 주식으로 갈아타는 경우가 많다. 그런데 결국 이게 또 떨어지게 되면 정말 울고 싶은 심정일 것이다.

그런데 문제는 여기서 멈추지 않는다는 데 있다. 마지막 한 방으로 회복하려고 소위 '잡주'(저조한 실적이나 각종 사고 등의 이유로 증권시장에서 나쁘게 평가받는 주식들의 총칭)라고 불리는 주식을 사게 된다. 결과는 뻔하다.

그런데 본전 심리에 한 방 심리가 결합해서 돈을 허공에 날리는 사람들이 의외로 정말 많다. 특히 40대나 50대라면 정말 조심해야 된다. 이때는 대개 투자 금액이 크기 때문이다. 절대로 잘 모르는 분야에 투자하면 안 된다.

- **워렌 버핏의 투자 철학**
  투자의 제1원칙 "절대로 돈을 잃지 말라"
  투자의 제2원칙 "제1원칙을 절대로 잊지 말라"

그러므로 이때는 은퇴를 하여 소득이 줄거나 아예 중단되더라도 현재 쓰는 만큼의 돈을 충당할 정도의 소득을 지속적으로 낼 수 있도록 자산을 지키는 자세가 중요하다. 그러려면 위험자산의 규모는 점점 줄이고 안전자산과 유동자산의 규모를 점차 늘려가며 현재 소득 규모 정도로 수익을 창출할 수 있도록 하는 재무설계 전략이 필요하다고 할 수 있다.

또한 노후자금 마련에 타격을 줄 정도로 자신의 능력에 버거운 큰 집을 마련하려고 애쓰는 것은 자칫 어리석은 일이 될 수 있다는 점을 알아 두어야 한다. 물론 내 집 한 채 갖는 것이 큰 문제가 될 것은 없다. 하지만 알다시피 우리나라 사람들이 집과 부동산에 대한 애착이 강하다 보니 큰 집을 선호하는 경향이 아직까지 남아 있다. 그래서 만약 큰 집을 덜컥 사 버리게 되면 이로 인해 노후자금을 마련할 여유가 없어지고, 주택대출 원금 상환과 이자를 갚느라 가계 전체가 위기에 빠질 수 있다. 그러니 집을 마련하더라도 꼭 자신의 능력에 맞는 집을 사야 한다.

또 한 가지, 지출이 많아지는 시기다 보니 퇴직금 중 일부를 미리 받아 쓴다거나 지금까지 노후를 위해 납입했던 개인연금 등을 해지 혹은 이를 담보로 대출을 받는 경우가 생길 수 있다.

이러면 당장에는 여유가 생겨 생활이 편해지는 것처럼 느껴질지 모르지만, 장기적인 시각으로 보면 큰 손해일 수 있다. 노후를 위해 목표했던 금액에 차질이 생김은 물론이거니와, 복리의 효과로 얻어지는 수익률까지 포기하는 것이기 때문이다. 따라서 재무설계에서 정해 놓은 목적 자금은 가급적 다른 용도로 쓰지 않는다는 원칙을 세울 필요가 있다.

퇴직금 중간 정산, 뭐가 문제일까

퇴직금 지급 방식이 퇴직연금 제도로 바뀌면서 기업들이 중간 정산을 많이 실시했다. 퇴직연금 제도는 일시금으로 주던 퇴직금을 연금으로 나눠 주는 것이다. 이 제도로 바뀌면서 기업들이 그동안 쌓여 있던 퇴직금을 중간 정산한 것이다.
한마디로 계속 쌓아 두었다가 훗날 근로자가 회사를 그만두면 연금으로 지급해야 하는데, 중간에 계산하기 편하게 미리 줘 버리고 다시 시작해 버리는 바람에 근로자 입장에서는 일부를 미리 당겨 받은 셈이 된다.
혹자는 '어차피 받을 돈인데, 뭐가 문제라는 거야?'라고 생각할 수도 있다.
그런데 퇴직금 중간 정산으로 목돈을 받게 되면 노후자금으로 생각해서 따로 저축하는 게 아니라, 대개 자동차를 새로 구입하거나 주택자금으로 사용하거나 그동안 못 갔던 해외여행을 가는 등 쉽게 소비하는 경우들이 많다.
그렇게 되면 장기간 쌓여 가고 축적되어져야 할 퇴직금이 줄어드는 바람에 노후의 3개 기둥 중 한 축이라고 할 수 있는 퇴직연금도 줄어들 수밖에 없다. 이렇게 금액이 줄어든 만큼 노후에 대한 불안감은 더 커지게 된다.

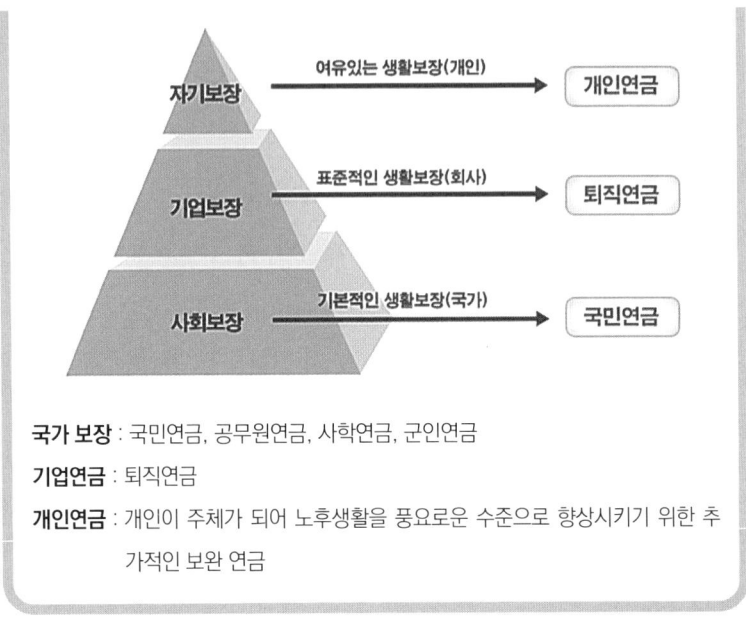

국가 보장 : 국민연금, 공무원연금, 사학연금, 군인연금
기업연금 : 퇴직연금
개인연금 : 개인이 주체가 되어 노후생활을 풍요로운 수준으로 향상시키기 위한 추가적인 보완 연금

 또한 40대에는 어느 정도 종잣돈이 마련될 터인데, 이 종잣돈을 그냥 방치해서는 안 된다. 그래서 어떻게든 돈을 불리기 위해 재투자해야 하는데, 이때 목돈으로 더 큰 돈을 만들겠다는 생각만으로 주식에 대한 지식도 없으면서 주변 사람을 통해 어설프게 들은 정보로 투자하는 등의 무모한 투자를 하게 되면 애써 마련한 종잣돈까지 잃게 되는 지름길이라는 점을 잊어서는 안 된다. 종잣돈을 마련하기까지 얼마나 힘이 들었는지 잊지 않으면서 이를 소중히 여기고 전문가와의 상담을 통해 올바르고 현명한 투자를 하려 노력해야 한다.
 마지막으로 은퇴 준비를 하면서 우리가 소홀히 다루기 쉬운 것이 바로 국민연금 등 공적연금과 퇴직연금이다. 자신의 소중한 돈을 국민연금과 퇴직연금으로 지불하고 있으면서도 그것을 자신의 은퇴자산으로 인식하지 못하는 경우가 더러 있다. 그러다 보니 은퇴에 대해 걱정과 조급함이 앞설 수 있다.

개인연금에 가입하는 등 개인적인 은퇴 준비를 서두르는 것도 좋지만, 그전에 자신의 수입 중 상당 부분이 국민연금과 같은 공적연금과 퇴직금에 적립된다는 사실을 인식하고, 이를 은퇴자산 포트폴리오의 일부로 여겨 전체적인 은퇴 준비의 윤곽을 명확하게 하는 것이 좋다.

주식 투자, 왜 실패하는 것일까?

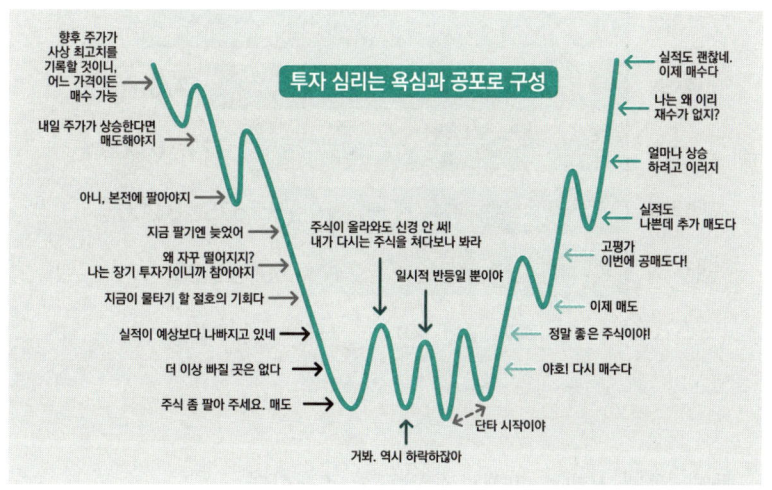

40대의 자산관리법

40대에는 자녀의 교육자금을 위한 계획, 주택 확장 및 이전에 따른 자금 계획, 더 큰 미래를 준비하기 위한 재무계획이 필요하다. 40대에 알아 두어야 할 유익한 자산관리 방법을 살펴보자.

첫째, 자녀의 교육자금 마련 계획을 세워 실천한다.

특히 자녀의 대학 교육자금은 미리 준비하지 않으면 우리의 노후를 위협하는 요인이 될 수 있다.

우리 자녀가 대학을 갈 시기까지의 기간만큼 교육비도 증가하기 때문에 대학 교육자금을 준비할 때에는 그 상승률을 감안해야 한다. 따라서 자녀 교육자금을 위한 별도의 통장을 준비하는 것이 좋다.

대학 계열별 연평균 등록금(2017년 기준)

계열	등록금
의학	953만 6,000원
예체능	779만 원
공학	711만 5,000원
자연과학	678만 8,000원
인문사회	595만 9,000원

출처 : 교육부

둘째, 주택 거래로 피해보지 않도록 조심한다.

자녀가 크면 조금 더 큰 집으로 이사하거나 생애 첫 주택을 구입하는 경우가 많다. 주거 마련을 위해 주택을 구입하거나 임차할 때에는 비용과 편익을 고려해 계획을 세워야 한다. 재정적인 준비와 함께 구입이나 임차 결정을 내렸다면 다양한 정보를 탐색하고, 나의 권리를 행사할 수 있도록 관련 법규 등을 파악해야 한다. 반드시 직접 방문해 물건을 확인하고, 공부상의 특이사항을 살펴보며 거래 당사자가 적법한 사람인지 확인하는 게 필요하다.

셋째, 은퇴 준비는 선택이 아닌 필수다.

은퇴 준비는 다양한 재무목표 중에서도 나와 가족을 생각할 때 필수적인 목표이다. 공적연금이나 퇴직연금으로 부족한 은퇴소득을 조달하기 위한 구체적인 방안을 마련하여 실천해야 한다. 아직까지 은퇴 필요 자금을 계산해 보지 않았다면 바로 당장 그러한 계산을 해 보아야 할 때인 것이다. 그러고서 하루라도 빨리 시작하는 것이 중요하다.

종잣돈이 커지면 커질수록, 쉽게 불리고 싶은 욕망이 부풀기 쉽다. 결국 자산관리의 핵심은 마음을 다스리는 게 아닐까 싶다.

자녀 교육자금은 어떻게 마련해야 할까

우리나라 초중고 학생 10명 중 7명은 사교육을 받고 있는 현실에서 40대에는 자녀 교육비가 제일 부담된다. 이 사교육비가 사실 은퇴 준비에 발목을 잡고 있는 셈인 것이다.

평균적으로 1인당 월평균 사교육비가 35만 원가량 한다. 그리고 대학 등록금도 연평균 대략 700만 원 가까이 된다. 결국 자녀 1인당 양육비가 3억 원이 넘는데, 이 금액 안에는 교육비가 상당한 부분을 차지하는 것이다. 그중에서도 제일 부담되는 대학 등록금을 예상한 다음 얼마나 저축해야 모을 수 있는지 따져 봐야 한다.

그리고 어떤 금융상품을 활용해 자금을 모아 나갈지 결정한 후 빨리 시작하는 것이 좋다.

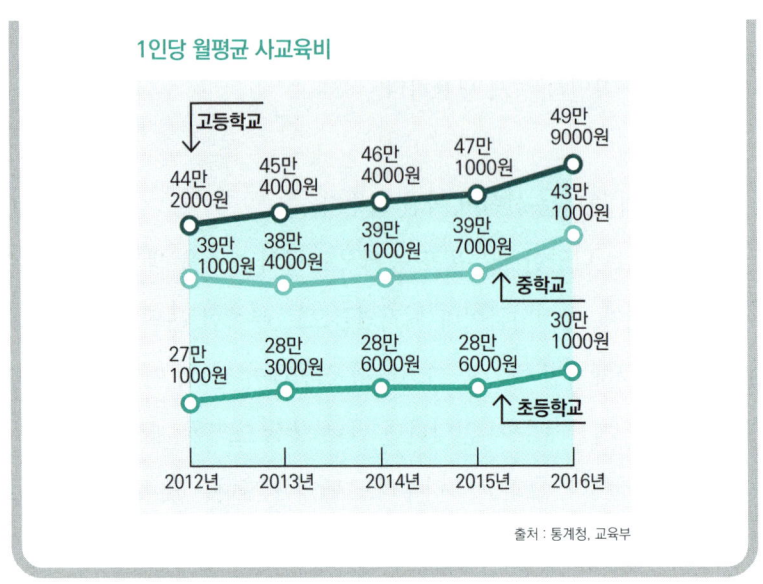

50대엔 어떤 재무설계가 필요할까

"만약 현실을 받아들이지 못하거나
책임을 받아들이지 못한다면 당신은 미숙한 것이다."

- 아놀드 글래소우(미국의 사업가 겸 유머작가)

50대의 라이프사이클과 함께 적절한 재무설계 전략을 살펴보도록 하자.

50대는 은퇴 준비기이다. 따라서 지금까지의 노후설계를 점검하고 노후 준비에 더욱 박차를 가해야 한다. 자녀들을 위한 교육비나 결혼자금보다 노후자금 마련에 더 신경을 써야 한다는 이야기이다.

50대에 일찍 퇴직하는 경우에는 국민연금 등 공적 연금이 아직 수령되지 않는 때라서 무엇보다 안정적인 생활을 누릴 수 있도록 노후를 대비한 자산의 유동성을 어느 정도 확보해 놓아야 한다. 개인적으로 투자한 연금의 수령도 이에 맞추어 시작될 수 있도록 준비하는 것이 좋다.

또한 50대는 지금까지의 투자 성향에서 벗어나 보다 안정적인 투자를 할 필요가 있다. 보유하고 있는 자산들 중 위험이 높은 자산에 대한 비중을 줄이면서 안정성이 높은 투자의 비중을 확대해야 한다.

또 부동산 등 유동성이 적은 자산을 너무 많이 가지고 있으면 노후 자금 마련 및 노후생활에 문제가 발생할 수 있으므로 소유하고 있는 부동산이 과도하다면 이를 처분하여 유동성이 높은 자산에 투자하는 것이 좋다.

부동산 자산과 금융 자산의 적정 비율

보통 우리가 보유하고 있는 자산들의 성격들을 보면 크게 환금성, 수익성, 안전성 등으로 평가해 볼 수 있다. 환금성이 높은 자산으로는 기본적으로 예금, 적금 등 주로 은행 상품들이 해당될 터이고, 유동성이 좋은 자산들이라고 보면 된다. 이 상품들은 안전성도 높은 대신 수익성은 상대적으로 떨어진다. 반면에 주식 같은 경우 수익성은 높지만 환금성은 예금과 적금에 비해 다소 떨어지는 편이고, 안전성 측면 또한 매우 낮다. 그럼 부동산은 어떨까? 안전성과 수익성은 현재까지는 다소 높은 편이라고 평가할 수 있겠지만, 환금성은 많이 떨어진다. 물론 안전성도 은행 예금에 비해서는 낮은 편이고, 수익성도 주식에 비해서는 떨어진다.

미국 같은 경우에는 부동산 자산이 약 30%, 금융 자산이 70% 정도 된다. 비단 미국뿐만 아니라 대부분의 선진국들이 부동산 자산의 비중은 낮고 금융 자산의 비중이 높은 편이다. 하지만 우리나라는 이와 반대로 부동산 자산이 70%, 금융 자산이 30% 정도 된다. 특히 우리나라는 나이가 들면 들수록 부동산 비중이 매우 높아서 50, 60대의 부동산 자산은 거의 80%가 넘을 것이다. 자산의 대부분을 부동산에 올인하고 있는 셈이다. 금융 자산이 거의 없고 집 한 채 가지고 있는 게 전부이다 보니, 부동산 가격이 급락하게 되면 직격탄을 맞을 수밖에 없다.

이런 사람들은 아파트 평수를 줄이거나 해서라도 점차 언제든지 소득으로 활용할 수 있는 금융 자산 비중을 늘려야 한다. 그래야 유동성이 확보되기 때문에 혹시 경제적 위기가 닥치더라도 안전하게 자산을 지켜 나갈 수 있는 힘이 마련될 수 있다.

그리고 이 시기에는 재산을 불리기보다는 지키는 게 더욱 중요하다는 점을 잊어서는 안 된다. 그렇다고 모든 수익을 포기하라는 것이 아니다. 기대수익률을 전반적으로 낮추고 어느 한 곳에 집중하기보다는 가급적 분산 투자를 해야 한다는 이야기이다.

그러면서 동시에 국민연금 등 공적연금의 지급 수준을 확인하고, 모자란 노후생활 자금을 마련하기 위해 연금보험 등에 가입하여 은퇴 후 생활비를 미리 지키는 노력이 필요하다.

소득이 사라지는 은퇴 후에 부채가 남아 있으면 노후 생활에 타격이 크다. 따라서 은퇴하기 전인 50대에 부채를 모두 정리하는 것이 좋다. 주택담보대출을 포함하여 모든 대출을 상환하도록 노력해야 한다.

그리고 은퇴를 한다고 인생이 끝나는 것은 아니듯이 은퇴 후에도 장장 20~30년의 시간을 살아야 한다는 점을 기억해야 한다. 따라서 은퇴를 앞둔 50대는 그 시간에 무엇을 하고 보낼지 미리 계획할 필요가 있다. "행운은 준비된 사람만이 잡을 수 있다"는 말처럼 은퇴 후 인생 역시 준비된 사람만이 여유롭게 보낼 수 있다. 어디서 살지, 무엇을 배울지 등을 구체적으로 준비하여 멋진 제2의 인생을 사는 것이 가장 중요하다.

노후 준비가 제대로 되어 있지 않은 사람들을 위한 재무설계

'사오정' '오륙도'의 사회적 분위기 속에 사람들의 은퇴 시기가 빨라지고 있다. 그러면 노후 준비가 덜 된 상태에서 본인의 의지와 상관없이 노후 생활이 시작되어 버리게 된다.

이런 사람들은 일단 작은 소일거리라도 찾아서 하는 게 중요하다. 과거에 금리가 10%일 때만 해도 은행에 1억 원 정도 맡겨 두면 매년 1,000만 원 정도의 이자 수익을 올릴 수 있어서 노후에 상당히 도움이 되었지만, 이제는 이자율이 2%에 불과해 1,000만 원 정도의 이자를 받으려면 5억 원 정도는 넣어 놔야 된다. 그리고 금리 1% 시대에는 무려 10억 원은 있어야 1,000만 원이라는 이자를 손에 얻게 된다. 결국 월 80만 원 받는 일자리라도 구할 수 있다면 남들 5억이나 10억 원의 자산과 맞먹는 가치를 보유하고 있다고 말할 수 있다. 그래서 은퇴를 준비하는 사람들은 재취업이나 아르바이트 등 일자리를 이어 가는 게 가장 중요하다.

그런데 이렇게 일을 하려면 당연히 건강해야 한다. 그렇게 보면 건강이야말로 가장 좋은 재테크, 자산관리라고 할 수 있다. 평소 건강한 몸과 마음을 기르는 게 어찌 보면 가장 훌륭한 재테크라고 볼 수 있는 것이다.

50대의 자산관리법

50대는 자녀가 성년이 돼서 독립할 시점이 되면 자녀의 결혼자금 마련과 함께 갑자기 찾아오는 위험에 대비해야 할 중요한 시기이다. 50대에 알아 두어야 할 유익한 자산관리 방법을 살펴보자.

첫째, 자녀의 결혼자금은 자녀와 부모가 함께 준비한다.

소득을 많이 창출한 베이비붐 세대가 은퇴 이후에도 자녀에 대한 지원이 끝나지 않아, 본인의 노후자금을 거의 모두 잃었다는 이야기를 종종 들을 수 있다. 따라서 자녀와 함께 부족한 결혼자금을 계산하고 이를 위한 저축을 함께 준비해 나가는 것이 바람직하다.

둘째, 갑작스러운 위험에 대비한 비상 자금을 마련하고 보장성 보험을 확인한다.

자녀 성년기에 갑자기 소득이 중단되면 본인과 가족의 미래가 위험할 수 있기 때문에 이러한 경우를 대비해 비상 자금을 마련하고, 고용보험으로 도움을 받을 수 있는 내용도 확인하는 것이 좋다.

또한 질병이나 상해로 인해 소득이 중단될 수도 있으므로 보장성 보험의 가입 내역을 확인해야 한다. 이를 통해 중복되는 부분은 없는지, 부족한 부분은 없는지 살펴보는 것이 바람직하다.

5대 사망 원인 및 사망률 추이

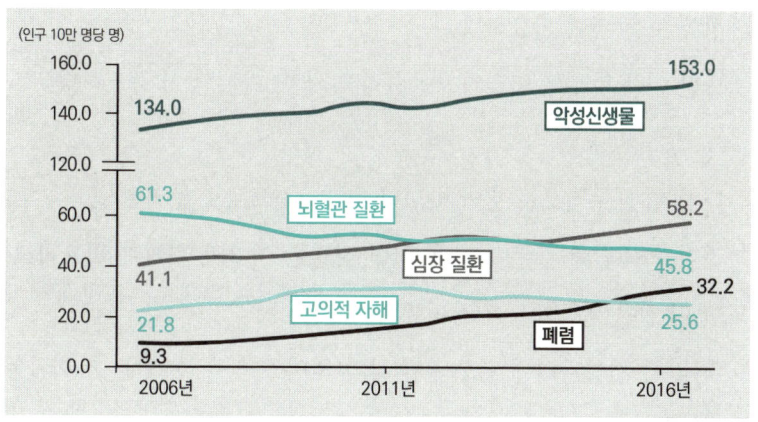

출처 : 통계청

셋째, 인생 이모작을 준비한다.

자녀 성년기에는 은퇴를 앞두고 있는 경우가 많지만, 오랫동안 일한 직장에서 일찍 그만두는 경우도 많다. 이런 경우 노후 생활비를 위해 소득 활동을 연장시켜야 할 것이며, 이에 대한 철저한 준비가 필요하다.

다른 사람이 창업을 한다고 별다른 기술이 없어도 자영업자가 될 수 있다며 무턱대고 새로운 곳에 뛰어드는 것은 위험할 수밖에 없으므로 본인의 재능과 경험을 살릴 수 있고, 흥미가 있는 분야를 선택해 일찍부터 미리 준비하는 것이 좋다.

넷째, 연금재원을 꾸준히 마련한다.

50대는 은퇴를 바로 앞둔 시기인데 반해, 자녀의 교육비와 결혼자금 지원 등으로 자칫 노후 준비가 우선순위에서 밀릴 수 있다. 따라서 노후자금 마련을 위해서 얼마가 필요한지 계산해 보고 연금 수령액을 예상해 보는 것이 필요하다.

또한 이에 맞추어 연금자산을 꾸준히 쌓아 가는 것이 중요하다.

다섯째, 재무적으로 뿐만 아니라 비재무적으로도 준비한다.

자녀가 독립해 부부만 남게 되면 적절한 여가와 취미가 필요하고, 또한 이 같은 활동에는 건강이 필수이다.

따라서 건강관리에 힘쓰면서 삶의 의미를 찾을 수 있는 사회활동을 잘 찾아보고 준비하는 것이 중요하며, 무엇보다도 배우자와의 대화와 협력을 통해 준비하는 것이 바람직하다.

Chapter 5

예산과 결산으로
재무 목표
달성하기

통장을 스쳐 지나가는 내 돈, 예산 짜기가 절실하다

"예산이 빠듯할수록 낭비해서는 안 된다."

- 윌리엄 페더(미국의 작가)

혹시 다음 달 소득이 통장에 들어오기도 전에 돈이 다 어디로 빠져 나갔는지 몰라 당황해했던 적이 없었는가?

재무 계획을 세우지 않는 사람들은 대부분 자신의 소득이 얼마나 되며, 어디서 들어오고, 어디로 나가는지 잘 모르는 경우가 많다. 더 많은 돈을 벌기 위해 열심히 노력하지만, 그것을 어떻게 관리하고 써야 할지 결정하는 데 별다른 시간을 할애하지 않기 때문이다.

예산이란 어떻게 소득을 사용해야 하는지 올바르게 결정하고 이를 감시하는 데 사용할 수 있는 한 가지 도구이다. 한마디로 기대 소득에 기초한 지출 계획이라고 말할 수 있다. 소득과 지출의 균형을 맞추는 계획인 셈이다. 재무 목표에 따라 소득과 지출을 통제하는 계획이라 할 수 있다. 단기 재무 목표를 이루는 데 꼭 필요한 행동 계획이며, 또한 장기 재무 목표를 성취하는 데 나아갈 수 있도록 해 주는 중요한 재무설계의 수단이기도 하다. 그래서 예산은 단기와 장기 재무 목표를 달성할 수 있도록 만들어져야 한다.

예산은 크게 '유입', 즉 들어오는 부분과 '유출', 즉 나가는 부분 등 두 부분으로 구성된다. 유입은 일반적으로 그 양이 정해져 있기 때문에 유출의 양도 유입의 한도 내에서 정해지게 된다.

어떤 사람들은 돈이 얼마나 들어와서 어디로 나가는지 잘 알지 못한다. 대부분의 낭비는 돈에 대한 이해 부족에서 온다. 예산 짜기는 돈에 대한 최소한의 훈련으로, 돈을 다루는 체계적인 방법을 배우는 것이다.

예산의 흐름

```
        ┌──────→ 예산 ──────┐
        │                    ↓
       유입                 유출
      (소득)          (소비 지출 및
        ↑                  저축)
        │                    │
        │                    ├─ 생활비
        │                    ├─ 저축 : 단기 목표
        │                    └─ 저축 : 장기 목표
        └────────────────────┘
```

그런데 예산이 얼마인지 그 자체를 모른다면 어떨까?

그러면 돈의 흐름이 잘 실행되고 있는지도 모르는 경우가 많다. 열심히 허

리 휘게 일해 가지고 결국 그 벌어들인 돈들이 얼마나 들어오고 어떻게 쓰이는지 모른다면 '밑 빠진 독에 물 붓기'와 똑같다. 많이 벌어도 많이 쓰면 결국 남는 돈이 없다. 그래서 예산 수립이 필요한 것이다. 예산을 수립해서 소득과 지출의 균형을 맞추는 것이다. 또 목표자금을 마련할 수 있게 도와준다. 결국 소득이 많고 적고를 떠나 누구에게나 필요한 게 바로 예산, 결산이다.

어차피 소득은 대부분 다 일정하다. 들쭉날쭉한 것은 바로 지출이다. 그래서 급여 생활자라면 특히 지출을 통제해야 되는데, 지출 통제를 위해서라면 예산을 수립하고 결산하는 게 적격이다.

처음에는 물론 매달, 매년 꼼꼼하게 하긴 힘들다. 그런데 잘 안 되더라도 계속해서 예산을 짜 보고 거기에 맞춰서 잘 살았나 못 살았나 결산도 해 보면, 자연스럽게 평가해 보고 싶은 욕심도 생긴다.

그쯤 되면 슬슬 몸에 배게 된다. 그러면 그때는 머릿속에 수입과 지출에 대한 윤곽이 딱 잡히게 된다. 이로써 가정 재무설계의 큰 그림이 그려지는 셈이다.

부부 중에 누가 이걸 해야 한다는 건 없다. 남편과 아내 둘 중에 꼼꼼한 사람이 하면 된다. 그런데 개인적으로는 아내가 전업 주부일 경우에는 아내가 하는 편이 좋은 것 같다.

예산 짜기의 장점

예산 짜기의 장점을 요약하면 이렇다.

첫째, 예산은 정말 원하는 것을 갖도록 도와준다. 누구든지 큰 만족을 주지 않는 상품이라고 해도 돈을 쓰기가 아주 쉬운 편인데, 이는 시장이 끊임없이 새로운 상품을 내놓고 소비자들에게 사라고 권유하기 때문이다. 그러나 예산은 모든 선택을 잘 살펴보고 비효율적인 돈의 지출을 돌아보게 하며, 어디에 얼마나 돈을 쓸지 생각하게 함으로써 합리적인 선택을 할 수 있도록 돕는다.

둘째, 예산은 소득 내에서 지출하도록 해 준다.
현대사회에서는 TV나 인터넷 속 각종 광고들을 통해 새로운 욕구를 만들어 내는데, 그것을 모두 충족시킬 만한 돈은 누구에게도 없다. 결국 예산은 소득 내에서 목표의 우선순위에 따라 선택하도록 한다.

셋째, 예산은 돈 문제에 관한 가족 간의 갈등을 해결해 준다.
장래를 위한 지출과 투자에 관한 결정은 모두 가족의 가치관, 목표, 표준에 근거한 공동 결정이어야 하는데, 대개는 가족 간 돈 문제에 있어서 의사소통이 부족하다. 재무 목표를 이루기 위해서는 가족들 각자의 역할이 중요함을 예산을 통해 알게 해야 한다. 따라서 예산은 가족 간의 의사소통 수단이 되는 것이다.

넷째, 예산은 과도한 부채에 대한 유혹을 통제해 준다.
돈이 부족할 경우 빌려서라도 지출하고 싶은 충동이 생기기도 하는데, 하지만 너무 많은 부채는 재무 위기를 초래할 뿐만 아니라 또한 삶의 자유도 제약한다. 예산의 목적 중 하나는 소득과 지출의 균형을 맞추는 것이므로 부채를 조절하게 되고, 따라서 예산은 돈뿐만 아니라 삶을 통제하는 훈련인 셈이다.

다섯째, 예산은 돈에 대한 불안한 마음을 해소해 준다.

예산은 단순히 하나의 도구이지만 중요한 도구임에 틀림없다. 재무 문제를 발견하고 치료책을 제시해 주기 때문이다. 소득과 지출을 추적함으로써 현금 흐름이 조직적으로 이루어지도록 한다. 지출을 통제하고 조정함으로써 적자가 되지 않도록 해 준다. 어느 부분에서 낭비가 있는지 알게 해서 소득이 효율적으로 사용되도록 해 준다. 그래서 예산은 재무 목표를 달성하는 데 도움을 주고, 안정감과 만족감을 가져다준다. 예산은 갚아야 할 청구서 날짜가 다가올 때, 돈을 갚을 수 있을지 불안한 마음을 해소해 준다. 예산을 잘 세워서 실행하면, 소득의 증가 없이도 지출의 결과로부터 더 만족할 수 있게 된다.

예산이 가족 간의 갈등을 해결해 준다

우리나라는 아직까지 돈 문제에 대해 터부시하는 경향이 많다. 사실 돈을 떠나서 살 수 없는 자본주의 사회임에도 정작 돈 얘기를 잘 못하는 문화다 보니, 가족 간에 보이지 않게 많은 갈등들이 일어난다. 그래서 좀 오픈하고 서로 돈 얘기를 자연스럽게 끄집어낼 필요가 있다. 예산 수립 같은 게 서로에게 아주 좋은 구실이다. 이렇게 좋은 뜻으로 돈 얘기를 꺼내면 그래도 좀 얘기가 되지 않을까 한다. 그리고 나서는 서로에게 공감을 해야 한다. 예를 들어 예산 수립을 하다가 아내가 "지금 우리 집의 대출상환금이 얼마인데, 빨리 갚으려면 각자의 용돈을 20만 원씩 줄여야겠어"라고 말하면 남편이 "뭐, 20만 원씩 줄이자고? 지금도 제대로 다 못 쓰고 있는데 어떻게 20만 원을 더 줄이란 거야?" 이러면서 화내면 안 된다는 것이다. 오히려 취지를 공감하고 서로 대화하고 설득해야 한다. 남편이 "내가 20만 원을 한꺼번에 갑자기 줄이기가 어려운 상황이라 일단 10만 원씩 줄이는 걸로 할게"라고 하면 그럼 아내도 "그래 좋아, 10만 원씩 줄여서 대출금부터 빨리 갚자." 이런 식으로 부부가 함께 수입과 지출 등에 관해 서로 이해하고 공감해야 한다.

예산, 내가 직접 세우려면 어떻게 해야 할까

"예산은 그저 숫자놀음에 불과한 것이 아니다.
국민 개개인의 재산은 물론, 각 계층과 나라 전체를 부강하게 만드는 수단이다."

- 윌리엄 글래드스턴(영국의 총리)

예산은 매일, 일주일, 한 달, 또는 그 이상의 기간에 걸쳐 자유롭게 세울 수 있다. 그중에서도 자신의 소득이 들어오는 기간에 따라 세우는 것이 좋다. 예산의 양식은 소득과 지출 항목으로 이루어지는데, 이 또한 자유롭게 정할 수 있다.

예산을 세우는 방법
예산 세우는 방법을 간단히 살펴보자.

첫째, 재무 목표들을 파악한다.
재무 목표를 이루기 위해서 돈이 언제 얼마나 필요한지 파악하는 것이다. 목표가 구체적일수록 예산을 수립하기가 훨씬 쉽다.

둘째, 과거와 현재의 소득과 지출 상태를 파악한다.
현금흐름표를 참고해서 소득과 지출 상태를 평가하여 예산 수립의 기초 자료로 사용하는 것이다. 계절에 따라 소득과 지출의 변화가 있을 수 있으므로 가능하면 1년간의 현금흐름표를 작성해 두는 것이 좋다. 지출은 고정 지출과 변동 지출로 나누어 얼마나 되는지 파악하는 것이 좋은데, 고정 지출은 세금, 부채 상환금, 할부금, 학교 등록금 같은 것으로 꼭 지출해야 하는 금액이고, 반면에 변동 지출은 어느 정도 조정 가능한 금액, 가령 외식비가 이에 해당된다.

셋째, 월 소득을 계산한다.
소득이 언제 어디에서 얼마나 들어올 것인지를 알아야 한다. 월별로 소득의 변동이 있을 경우에는 연간 소득을 추정하여 12로 나눈 값, 즉 월평균 소득을 계산해야 한다. 이때 매월 고정적으로 들어오는 고정 소득의 양을 계산하고, 변동되는 소득분을 매월 어떻게 할당할지 결정해야 한다.

넷째, 저축을 얼마나 할지 먼저 결정한다.
재무 목표를 달성하기 위해서는 소득의 일부분을 반드시 저축해야 하는데, 종종 우리는 월급날이 돌아오기도 전에 소득이 바닥나는 경험을 하곤 한다. '내가 적당히 쓰면 되지, 그리고 남은 걸 저축하자' 이렇게 생각들을 많이 하는데, 쓰다 보면 씀씀이가 커지고 그만큼 남는 건 없고, 그러다 보니 저축액도 없는 것이다. 이에 대한 해결책을 쉽게 말하자면 반드시 먼저 저축하고 남은 나머지를 가지고 지출하면 된다. 즉 저축이 매월 예산의 첫 번째 항목이 되어야 하는 것이다.

공무원이나 교사들이 노후 준비가 잘 되어 있는 건 월급에서 미리 연금을 떼어 놓으니까 그런 것이다. 물론 그렇게 하니 젊을 땐 살기가 좀 빡빡하다. 그래도 그렇게 먼저 저축부터 하고 남은 걸로 쓰다 보니 노년이 편한 것이다. 그렇지만 연금을 너무 많이 뗀다고 해서 공무원, 교사들이 망하거나 헐벗지는 않지 않은가. 일단 떼어 놓으면, 거기에 맞춰서 생활 규모를 줄이고 검소하게 살게 된다.

그리고 이때의 저축액은 재무 목표에 달려 있다. 하지만 부채가 너무 많은 가정이라면 빚을 먼저 갚고, 잘못된 지출을 바로잡는 것이 우선되어야 할 것이다.

다섯째, 지출 항목을 분류하고, 이에 따라 필요한 월평균 지출 비용을 결정한다.

현금흐름표를 평가한 것을 기준으로 하여 소득을 각 항목별로 배분하되, 고정 지출을 위해 먼저 배분하고, 필요도에 따라 지출 항목의 우선순위를 결정하는 것이다.

여섯째, 예산을 실행한다.

예산은 그 계획대로 지출을 하기 위해서 만든 것이다. 따라서 소비 지출을 할 때마다 예산의 범위 안에 있는 것인지 확인하는 것이 꼭 필요하다.

일곱째, 예산을 평가하고 다음 예산 수립에 반영한다.

수립한 예산을 실행한 후에 소득과 지출이 균형을 이루었는지 평가하여야 한다는 말이다. 이때, 불균형이 존재하는 경우 그 원인을 찾아내어 다음 예산 수립에 반영해야 하는 것이다.

적절한 저축액

적절한 저축액이라고 할 수 있는 게 딱 있진 않다. 본인이 감을 잡는 게 중요하다. 일단 사회초년생이라면 절반 정도는 따로 떼어 놓는 게 맞다. 이게 잘 안 되는 이유는 대부분 미혼이다 보니 돈 쓸 일도 많고 또 쓰고 싶기 때문이다. 그래도 그때 절반 이상씩 떼어 놓지 않으면 결혼하고 애 낳고 하면 돈을 모으기가 엄청 어렵다는 걸 알게 될 것이다. 지출이 워낙 많이 늘어나기 때문이다.

결혼한 부부들도 1년 이상 같이 살다 보면 어느 정도 허리띠를 졸라 맬 수 있을지 감이 좀 잡힐 것이다. 이때 좀 무리해서 저축액을 늘려 잡는 게 중요하다. 좀 어렵겠다 싶을 정도로 저축액을 늘려 잡으라는 말이다. 그래야 그것이 나중에 목돈이 되어서 노후자금이 되는 것이다.

성공적인 예산을 짜기 위한 조건

예산이 성공적이기 위해서는 갖추어야 할 조건들이 있다.

첫째, 목표 지향적이어야 한다.

예산은 장기 재무 목표와 관련되어야 한다. 따라서 목표를 성취할 수 있는 방법을 제공하는 것이 좋다.

둘째, 융통성이 있어야 한다.

예산은 그대로 지켜지는 것을 전제로 하지만 전혀 융통성이 없어서는 안 된다. 왜냐하면 소득이 갑자기 줄어들거나 지출이 늘어나는 일이 생길 때가 있기 때문이다. 따라서 가능하다면 부채를 지지 않고도 예산 내에서 해결할 수 있어야 한다. 뿐만 아니라 생각하지 못했던 지출이 있을 수도 있기 때문에 제한된 범위 내에서 충동구매를 허용할 필요도 있다.

한 가지 방법으로는 소득의 일정 부분을 따로 용도를 정하지 않고 여유자금으로 배분해 두는 것이다. 하지만 이러한 융통성의 범위가 지나치게 큰 폭으로 설정된다면 예산의 본래 기능을 상실하게 될 수도 있다.

셋째, 현실적이어야 한다.

예산은 현재 소득의 범위 내에서 수립되어야 한다. 현재 소득의 범위 내에서 재무 목표를 그대로 성취하는 것이 비현실적이라면 현실에 맞도록 목표를 조정하는 것이 좋다. 또한 아무리 사소한 지출이라도 생략되는 지출 항목이 없도록 하는 것이 바람직하다.

넷째, 실행 가능한 것이어야 한다.

부채 상환을 위해 소득의 많은 부분을 지출하는 사람이 갑자기 저축을 50%로 늘릴 수는 없을 것이다. 예산의 내용도 단계적으로 발전되어야 한다.

처음 예산을 시작했다면 지출을 줄임으로써 벌어들인 것보다 적게 쓴다는 목표를 가지고 출발할 수 있다. 그러다가 차츰 흑자가 생기면 가장 금리가 높은 단기 부채부터 갚고, 다음으로 비상 자금을 마련한다. 그 후 저축하고 장기 부채를 갚고, 재무 목표를 하나씩 달성할 수 있게 되면 성공적이라고 볼 수 있다.

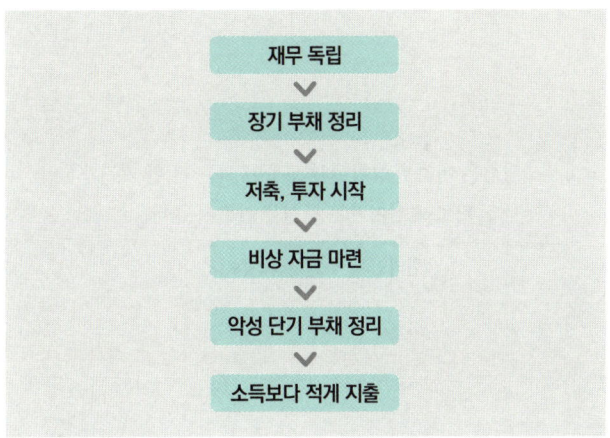

예산은 국가와 기업뿐만 아니라, 가정경제를 아주 탄탄하게 만들어 주는 매우 주요한 수단임에 틀림없다. 예산을 통해 가정경제의 균형을 맞추어 보길 바란다.

결산을 해야만 끝!

> "경험은 어려운 상황에서 도움이 되는 단 한 가지가
> 바로 결심이라는 사실을 가르쳐 준다."
>
> - 윌리엄 셰익스피어(영국의 극작가)

예산을 세웠다고 해서 성공적인 재무 목표 달성을 보증해 주는 것은 아니다. 예산을 실행한 후에는 결산을 해야 한다. 정기적인 결산을 통해 지출 결과에 대해 분석하고 평가하여 더 좋은 예산이 되도록 해야 하는 것이다.

결산을 하려면 매일의 소득과 지출을 빠짐없이 기록한 자료가 있는 것이 가장 좋다. 예산이 가계의 장·단기 목표에 맞추어서 세워지고 제대로 실행되고 있는지를 점검하기 위해서도 가계의 지출 내용을 기록하는 습관을 갖는 것이 매우 중요하다고 할 수 있다.

지출 기록은 가계의 지출 방향과 문제점을 쉽게 찾을 수 있게 해 주기 때문에 필요한 경우에 재무 목표를 수정하거나 행동 양식의 수정

에 필요한 구체적인 지침을 마련하는 기초 자료로 사용될 수 있다.

가계부 작성은 반드시 하라

예산 실행 내용을 기록하는 체계로 가장 대표적인 것이 가계부이다. 가계부는 체계가 조직적이고 정확한 편이지만 세밀한 기록과 계산을 요하므로 시간과 노력이 많이 드는 방법이라고 볼 수 있다. 그래서 최근에는 이러한 단점을 보완할 수 있도록 컴퓨터 프로그램이나 스마트폰 앱을 이용해서도 가계부를 작성할 수 있는데, 자동 계산이 될 뿐만 아니라 여러 가지 기능이 있어서 매우 편리하다. 물론 엑셀 등을 이용해 자신만의 프로그램을 개발해서 쓸 수도 있다.

가계부 앱은 대개 카드 사용 기록과 연동되게 만들어져 있다. 그래서 내가 어느 빵집에 가서 빵을 몇 개 사고 카드를 긁으면 가계부 앱에 바로 기록 및 저장이 된다. '무슨 무슨 빵집, 지출 얼마' 이런 식으로 말이다. 나중에 통계 메뉴에 들어가 보면 커피값으로 얼마를 썼는지, 통신비로 얼마가 나갔는지 등이 쉽게 정리되어 있어서 지출 내역들을 한눈에 알 수 있다. 또 편의점에서 많이 썼는지, 마트에서 많이 썼는지, 극장은 몇 번 갔고, 기름값은 얼마 나갔는지, 장소별로도 소비 현황을 단번에 파악할 수 있게 된다. 그래서 월말이나 연말에 가계부 앱을 체크해 보면 수입은 얼마고, 지출은 얼마고, 월별 얼마씩 썼는지, 항목별 사용금액은 얼마인지까지 아주 자세하게 알 수 있다.

가계부를 작성하면서 꼼꼼히 자신의 소비습관을 반성하고 고쳐 나간다면 손수 가계부를 적는 게 유리하고, 바빠서 가계부를 정리할 시간이 따로 없다면 당연히 가계부 앱을 사용하는 게 좋다.

중요한 건 가계부 작성은 돈을 벌기 위함이 아닌 돈을 현명하게 쓰기 위함이라는 것을 알아야 한다.

작성을 마친 지난 가계부를 보면서 그동안 낭비한 건 없는지, 줄일 수 있는 부분이 어디인지, 자꾸 반성하고 고쳐 나가는 도구로 쓰는 것이다.

예산이 잘 실행되지 못하는 이유

그런데 가계부나 컴퓨터 프로그램을 사용해 결산을 해 보면 예산이 제대로 실행되지 못했다는 것을 발견할 때가 많을 것이다. 예산이 잘 실행되지 못하는 이유는 다음과 같다.

첫째, 진정한 동기 없이 세운 예산일 수 있다. 정말로 원한 것이 아니라면 실패할 가능성이 높다.

둘째, 가족 간에 동의가 없는 예산일 수 있다. 가족끼리 동의가 된 상태가 아니라면 예산이 제대로 실행될 수가 없다.

셋째, 현실적이지 못한 예산일 수 있다. 비현실적인 재무 목표와 가정을 토대로 예산을 세운다면 문제가 될 수밖에 없다.

넷째, 잘 계획되지 못한 예산일 수 있다. 소득이 너무 적거나 부채가 너무 많거나 소비나 지출이 너무 많다면 예산을 잘 계획하기가 어려울 수밖에 없다.

다섯째, 기록 체계가 좋지 못한 예산일 수 있다. 자신이 쉽게 사용할 수 있는 기록 체계여야 하는데, 그렇지 못해 지속적인 기록이 어렵다면 계획에 어려움을 겪을 수밖에 없다.

예산 결산표 작성

예산이나 결산은 주로 예산 결산표를 작성하는 게 좋다.

일단 맨 위에 '1월 500만 원' 이런 식으로 해당 월의 소득을 적는다. 그런 다음 맨 왼쪽에는 아파트 관리비, 식비, 교통비, 통신비, 피복비, 의료비, 교육비, 오락비, 저축, 보험료, 부채상환금, 기타 등등의 지출 내역을 모두 적는다. 그리고 그 옆 우측에 그 달에 들어갈 예산을 적는다. 대개 지난달이나 작년 동월을 참고하는 게 좋다.

처음 작성하는 거라면 정확하지 않아도 되니, 일단 최대한 그럴듯하게 예산을 짜 본다. 매달 얼마가 어떻게 지출되는지 예상해 보는 것이다. 그러고 나서 한 달 뒤 결산할 때, 가계부를 보면서 예산 옆 우측에 결산 금액을 또 쭉 적는다. 항목별로 얼마씩 나갔는지 알 수 있다.

예산금액에서 결산금액을 빼면 차액이 나오는데, 그걸 맨 우측에 쭉 적는다. 그러면 이제 이번 달 예산은 얼마였는데, 결산하니 얼마가 남았는지 알 수 있다. 또 어디에 돈이 많이 들어갔는지, 어디서 남겼는지도 알 수 있다.

결국 벌어들인 것보다 적게 쓰려고 점검하는 것이 예산 결산표를 작성하는 목적이다.

우리집 (1)월 예산 결산표 (수입: 500만 원)

	지출	예산	결산	차액
저축	장기 저축			
	단기 저축			
식비	식료품비			
	외식비			
주거비	아파트 관리비			
	전기료			
	가스료			
	가구 집기비			
	수선비			
	재산세			
교통비	자동차 할부금			
	주유비			
	수리비			
	주차비			
	공공 교통비			
통신비	전화비			
	휴대폰 전화비			
	인터넷 통신비			
피복비	옷 구입			
	신발 구입			
	세탁비			
	수선비			
의료비	의료비			
보험료	생명보험			
	자동차 보험			
	기타 보험			
양육비	자녀 양육비			
용품비	개인 용품비			
오락비	교양 오락비			
교육비	교육비			
할부금	신용카드 할부금			
상환대금	부채 상환 대금			
특별비	기타 특별비			
기부금	기부금			
	지출합계			

결산을 해 보았는데 월별 소득에 차이가 있다면, 흑자가 발생하는 시기와 적자가 발생하는 시기가 반복될 수 있다. 이러한 경우에는 적자기의 지출을 흑자가 생기는 시기로 연기하거나 흑자기의 소득을 적자기로 당겨쓰는 방법이 좋다.

만성적인 적자가 발생한다면

그런데 결산할 때마다 항상 적자라면 큰 문제다. 대개의 경우 지출 아니면 부채가 문제일 것이다. 지출을 어떻게든 줄여야만 한다. 결산하면서 지출 항목들을 꼼꼼히 살펴보면 분명 답이 나온다. 술값이 되었든, 사치가 되었든, 예상치 않게 많이 들어간 항목이 꼭 있다. 그런 부분을 찾게 되면 반드시 각오를 새롭게 다지고 꼭 줄여야 한다.

또한 결산 시 만성적인 적자가 발생하는 경우라면, 그 원인을 파악하여 적극적으로 문제를 해결해야 한다. 간단히 다음과 같은 방법들이 있다.

첫째, 지출을 줄인다.

적자가 생기면 과도한 지출을 줄여야 하는 것이다. 물론 과도한 지출이라고 해서 꼭 쓸데없는 곳에 지출했다는 뜻은 아니지만 지출을 줄이기 위해서라면 때로는 우리가 필수적이라고 생각하는 소비에 대한 생각과 행동을 바꿔야 한다. 이를테면 한 달에 두 번 하는 외식을 한 번으로 줄이는 것이다. 이 과정은 분명 어렵겠지만 재무 목표를 달성하기 위해서 꼭 필요한 과정이다.

둘째, 부채를 조정한다.

이자율이 가장 높은 부채부터 가능한 한 빨리 갚아 나가야 한다. 과도한 부채는 다른 필수적인 지출을 하지 못하도록 방해하거나 또 다른 부채를 낳기 때문이다.

셋째, 소득을 증가시킨다.

주어진 소득으로 꼭 필요한 지출을 도저히 감당하지 못할 때 소득을 증가시키는 것이 최선의 방법일 수도 있다. 결국 연봉이 많은 직장으로 옮긴다거나 일하는 시간을 늘린다거나 또는 부업을 구하거나 다른 가족이 돈을 번다거나 유동 자산을 처분해서 현금화하거나 높은 금리의 저축으로 바꾸는 것 등의 방법을 동원하여 적절한 것을 선택해야 한다.

넷째, 재무 목표를 조정한다.

한 번에 달성하기 어려운 재무 목표들을 많이 가지고 있을 때 우선순위에 따라 예산 배분을 조정하는 것이다.

마지막으로 개인적인 문제를 해결한다.

동기의 부족이나 관리 기술의 부족은 예산을 실패하게 만들 수 있다. 예산 실행에 대한 관심과 동기를 새롭게 하고, 관리 기술을 향상시키기 위한 훈련을 해야 하는 것이다.

부채 또한 조금씩 늘어나다 보면 어느 순간 갚을 엄두가 안 나게 된다. 그러면 이제 악순환이 시작된다. 갚을 수도 없고 안 갚을 수도 없는, 끊임없이 내 소득의 일정 부분을 무조건 가지고 가는 이자액 때문에 그만큼 소비도 저축도 못하게 되는 악순환이다. 그래서 결산 때 부채가 문제다 싶으면 저축액을 줄여서라도 빚 갚는 데 전력할 필요가 있다.

결산을 하고 나면 지출이든 부채이든 예상치 못한 장애물을 만날 수 있다. 이때 필요한 단 한 가지는 바로 결심이다.

수입과 지출, 부채와 자산에 관한 솔직한 대화

"집을 장만하려고 자신의 삶을 모두 바치는 사람들도 많지만,
집은 그저 집일 뿐이라는 것을 알기에 성공적으로 가정을 지킨 가족도 많다."

- 브루스 바튼(미국의 작가 겸 광고인)

결산과 동시에 부부가 함께 대화하고 이해하고 공유해야 하는 4가지 부분이 있는데, 바로 수입과 지출, 부채와 자산이다.

첫 번째로 수입부터 살펴보자.

부부의 총수입액은 가정 경제생활에서 가장 중요한 기초이다. 따라서 부부는 총수입액의 정확한 규모를 파악하고 그 수입이 얼마나 유지될 수 있는지에 대해 정확하게 판단하는 것이 중요하다. 특히 맞벌이 부부인 경우에는 향후 자녀의 출산, 양육과 함께 경제활동의 병행 여부 등을 부부가 함께 의논하고 계획하는 것이 필요하다. 서로 질문에 대한 해답을 찾듯이 궁금한 점들을 의논하는 게 좋은데, 예를 들면 이렇다.

- 가정 또는 부부의 연간 총수입액은 얼마인가?
- 연간 총수입액의 수준은 적당하다고 판단되나?
- 추가적으로 다른 수입이 더 필요한가? 만일 필요하다면 실현 가능한 방법은 무엇이 있나?
- 지금 다니는 직장에서 향후 언제까지 근무할 것인가? 또는 지금의 사업을 향후 언제까지 지속할 것인가?
- 향후 이직할 생각이 있나? 또는 향후 다른 사업을 계획 중인가?
- 본인 또는 부부의 인적자원 계발을 위해 투자할 계획이 있나?

또 지출과 관련해서 가계의 수입 내에서 지출하고 남은 돈을 저축하는 것이 가장 바람직한 모습일 테지만, 사실 소비에 대한 인간의 욕구가 그리 쉽게 조절되지 않는 게 현실이다. 그러나 현재보다 더 많은 월급을 주는 회사로 옮기는 것보다는 현재의 지출을 줄이는 것이 더 수월하기 때문에 부부간에 지출 수준을 합리적으로 조정하는 것이 중요하다.

부부의 지출이 총 얼마인지 살펴본 뒤, 지출 수준이 가정의 수입에 비해 적정한지에 대해 서로 대화를 해야 하는 것이다. 결혼 전 받았던 대출은 빨리 갚아야 하고, 내 집 마련을 위해 저축도 시작해야 하고, 태어날 자녀의 출산이나 양육비를 미리 계획하려면 지출을 줄여야 한다고 결정하는 신혼부부가 대부분일 것이다. 이때 고정지출은 당장 줄이기 어려운 지출인 반면 변동지출은 일상생활 속에서 줄이기 쉬운 지출이므로 변동지출을 어떻게 줄일 것인가에 대해 부부가 함께 의논해야 할 것이다. 이때 이런 질문에 대하여 답해 보는 게 좋다.

- 우리 가정에서 연간 총지출되는 금액은 얼마인가?
- 총지출 금액이 총수입 금액에 비해 적당하다고 생각되나?
- 만약 총지출 금액을 줄여야 한다면, 자신 또는 부부의 지출 항목 중 어떤 항목을 줄여야 한다고 생각하나?
- 특별히 배우자의 지출 항목 중 특정 항목을 줄여야 한다고 생각하나?
- 고정지출 중에서 앞으로 차츰차츰 줄여 나갈 수 있는 항목에는 어떤 것이 있는가?
- 한 달 동안의 총지출 수준은 어느 정도가 적당하다고 판단하나?
- 배우자의 지출 중 그 금액이나 정도가 이해되지 않는 항목이 있는가? 만약 그러한 항목이 있다면 배우자에게 그 내용을 자세히 설명하고 이어 배우자의 입장을 충분히 들어 보라.
- 본인의 지출 중에서 일정 금액을 꼭 지출했으면 하는 것이 있나? 그러한 이유에 대해 배우자에게 충분히 설명했는가?
- 앞으로 지출은 부부 중 누가 관리할 것인가? 그 이유는 무엇인가?

누군가에게 돈을 빌리면 그 누군가에게 비용, 이자를 내야 한다. 즉 대출은 비용을 발생시키기 때문에 가정경제에 마이너스 영향을 준다. 왜 돈을 빌리게 되었는지, 대출 때문에 매월 나가는 돈은 얼마인지, 대출상환 계획은 잘 실천하고 있는지 등을 구체적으로 파악해야 한다. 특히, 이자가 높아 부채상환 비용이 고정지출로 가계 지출에 많은 부분을 차지하고 있다면 그 부채는 가능한 한 빨리 갚아야 한다. 또한 과소비나 무리한 투자 등으로 생긴 빚이라면 부부가 합심하여 그러한 행동이 반복되지 않도록 대책을 세우는 것이 중요하다. 부채와 관련한 질문은 다음과 같다.

- 현재 먼저 갚아야 하는 빚은 어떤 것이 있는가?
- 자신의 신용등급을 정확히 알고 있나?
- 대출을 하는 목적은 무엇인가?
- 대출이 과소비 또는 무리한 투자 등으로 인해 생겼다면 그러한 원인이 반복되지 않도록 어떻게 개선하는 것이 바람직할까?
- 신용카드 사용을 줄이고 체크카드로 바꾸어 생활하는 것을 검토해 보았는가?
- 지금보다 조건이 유리한 대출상품에는 어떤 것이 있는가?

또한 젊은 부부의 경우는 자산의 규모가 상대적으로 작아 자산을 형성하기 위한 종잣돈을 마련하는 것이 중요한 시기이다. 종잣돈을 마련하기 위해 어떤 금융상품을 가지고 있는지 파악하고, 만약 없다면 종잣돈 마련을 위한 계획을 세우는 것이 필요하다. 또한 급하게 필요할 때 바로 쓸 수 있는 현금성 자산의 규모를 파악하는 것도 중요하다. 자산과 관련해서 이러한 질문에 답해 보는 것은 어떨까?

- 유동성 확보를 위한 현금성 자산의 규모는 적정하다고 생각하나?
- 종잣돈 마련의 목적을 위한 금융상품을 가지고 있나?
- 주로 어떤 유형의 자산을 선호하는 편인가?
- 가정의 총자산이 현금성 자산, 금융 자산, 부동산 중 특히 어느 한쪽으로 치우치지는 않는가?

이 종잣돈이 참 중요한데, 막상 종잣돈을 모으려고 하면 참 힘들다. 보통 돈이 별로 없는 상태에서 부자가 되려고 한다면 주식시장에서 대박을 꿈꾼다거나 어디 시골 야산 한 귀퉁이를 사 놨다가 갑자기 개발되기를 바라는 것, 혹은 복권 당첨 외에는 별 다른 대안이 없을 것이다.

그런데 종잣돈이 있다면 얘기가 달라진다. 대략 1억 원 정도의 자금을 모았다고 가정해 보자. 그럼, 이제 좀 작지만 그래도 집 한 채는 살 수 있다. 또 금융기관의 환대를 받으며 VIP룸에서 상담 받을 수도 있다. 그리고 조금 위험하더라도 투자를 통해 좀 더 빠르게 돈을 굴릴 수 있는 눈덩이 효과를 기대해 볼 수도 있다.

따라서 종잣돈 마련을 위해 제대로 된 계획과 실행이 필요한 것이다. 아직 소득이 적은 젊은 신혼부부라면 보통 작게는 1,000만 원, 많게는 1억 원 정도의 목표 자금을 가지고 종잣돈 모으기를 시작하는 것이 좋다.

종잣돈 모으는 방법

그러면 이 중요한 종잣돈을 어떻게 모을 수 있을까?

종잣돈을 모으는 데 정해져 있는 법칙이 있는 건 아니다. 종잣돈을 마련하려면 그에 앞서 먼저 본인의 성향을 파악해야 한다.

원금을 까먹는 순간 손실에 대한 고통이 뼛속까지 전달되는 사람들은 펀드나 주식으로 종잣돈을 마련하려고 하면 안 되고, 좀 느리더라도 예금이나 적금을 드는 게 건강에 이롭다.

반면에 어떤 사람들은 위험을 감수하더라도 어떻게든 좀 더 빨리 남들보다 높은 수익률을 올리고 싶어 하는데, 이런 사람들은 예금·적금을 붓기 시작하면 답답해 죽을지도 모른다. 결국 자신의 금융 성향에 맞춰서 종잣돈 마련을 계획하는 게 맞다.

그런데 아직 금융경제에 대해 잘 모르는 상태에서는 가급적이면 안전한 방법으로 목돈을 만드는 것이 좋다. 모든 금융상품은 수익이 높으면 위험도 많고, 수익이 낮으면 위험도 적다는 점을 잊지 말아야 한다. 다만, 요즘처럼 금리가 너무 낮은 시대에는 목돈을 만들기가 쉽지 않기에 일정 부분은 적립식 펀드처럼 조금 위험을 감수해야 하는 상품으로 가입하는 것도 방법이 될 수 있다.

 충전지식

한국형 재무비율 도출

지표	재무비율	정의
가계수지지표	$\dfrac{총지출}{총소득}$	– 총지출 : 고정지출+변동지출(저축 및 투자금액 제외) – 총소득 : 경상소득(세전)
비상자금지표	$\dfrac{유동성자산}{총지출}$	– 유동산자산 : 입출금이 자유로운 저축, 적립식 저축, 예치식 저축 등 – 총소득 : 고정지출(비소비지출 제외)+변동지출

부채지표

	지표	재무비율	정의
현금 흐름	총부채상환 지표	$\dfrac{총부채상환액}{총소득}$	– 총부채상환액 : 용도와 상관없이 부채상환을 위해 지출하는 총액 – 총소득 : 경상소득(세전)
	소비생활부채 상환 지표	$\dfrac{소비생활 부채상환액}{총소득}$	– 소비생활 부채상환액: 의료비, 교육비, 생활비 마련 등을 위한 부채 상환액 – 총소득 : 경상소득(세전)
	거주주택마련 부채상환지표	$\dfrac{거주주택마련 부채상환액}{총소득}$	– 거주 주택 마련 부채상환액 : 거주 주택 및 전월세 보증금 마련을 위한 부채상환액 – 총소득 : 경상소득(세전)

	지표	재무비율	설명
자산 부채 상태	총부채 부담 지표	$\dfrac{\text{총부채}}{\text{총자산}}$	- 총부채 : 소비생활 부채+거주 주택 마련 부채+거주 주택 이외 자산 관련 부채+기타 부채 등 총부채의 현재 잔액 - 총자산 : 금융자산+부동산+기타실물 자산 등 총자산의 현재 가치
	거주주택마련 부채부담지표	$\dfrac{\text{거주주택마련 부채잔액}}{\text{총자산}}$	- 거주 주택 마련 부채 잔액 : 거주 주택 및 전월세 보증금 마련을 위한 부채의 현재 잔액 - 총자산 : 금융자산+부동산+기타 실물 자산 등 총자산의 현재 가치
	보장성 보험 준비 지표	$\dfrac{\text{보장성보험료}}{\text{총소득}}$	- 보장성보험료 : 생명, 화재, 상해, 자동차, 의료 실비보험 등 보장성보험료 지출총액 - 총소득 : 경상소득(세전)

저축 및 투자 성향 지표

	지표	재무비율	설명
현금 흐름	총저축성향 지표	$\dfrac{\text{총저축}}{\text{총소득}}$	- 총저축 : 안전금융저축, 금융투자저축, 저축성보험료 등에 저축하는 총액 - 총소득 : 경상소득(세전)
	금융투자성향 지표	$\dfrac{\text{금융투자저축}}{\text{총저축}}$	- 금융투자저축 : 펀드, 유가증권, 파생상품에 불입하는 총액 - 총저축 : 안전금융저축, 금융투자저축, 저축성보험료 등에 저축하는 총액
	노후대비저축 지표	$\dfrac{\text{노후대비저축}}{\text{총저축}}$	- 노후대비저축 : 노후대비 목적으로 저축하는 총액 - 총저축 : 안전금융저축, 금융투자저축, 저축성보험료 등에 저축하는 총액
자산 부채 상태	금융자산 비중 지표	$\dfrac{\text{금융자산}}{\text{총자산}}$	- 금융자산 : 안전금융자산+투자금융자산의 현재 가치 - 총자산 : 금융자산+부동산+기타 실물자산 등 총자산의 현재 가치

한국형 재무비율 가이드라인 제안

지표	재무비율	재무비율 가이드라인	연령대별 제안
가계수지지표	$\dfrac{\text{총지출}}{\text{총소득}}$	70% 이하	20대 : 50% 30대 : 70% 40대 : 80% 50대 : 90% 65세 이상: 95%
비상자금지표	$\dfrac{\text{유동성자산}}{\text{총지출}}$	4~6배	20대 : 2배 30대 : 3배 40대 : 4배 50대 : 5배 65세 이상 : 6배

부채지표

현금흐름	총부채상환 지표	$\frac{총부채상환액}{총소득}$	30% 이하	30~40대 : 25% 미만 65세 이상 : 0%
	소비생활부채 상환지표	$\frac{소비생활부채상환액}{총소득}$	10% 이하	20대 : 5% 30대 : 8% 40~50대 : 10%
	거주주택마련 부채상환지표	$\frac{거주주택마련 부채상환액}{총소득}$	20% 이하	
자산부채상태	총부채 부담 지표	$\frac{총부채}{총자산}$	40% 이하	
	거주주택마련 부채부담지표	$\frac{거주주택마련 부채잔액}{총자산}$	30% 이하	
보장성 보험 준비 지표		$\frac{보장성보험료}{총소득}$	8~10%	

저축 및 투자 성향 지표

현금흐름	총저축성향 지표	$\frac{총저축}{총소득}$	30% 이상	20대 : 50% 30대 : 30% 40대 : 20% 50대 : 10% 65세 이상 : 5%
	금융투자성향 지표	$\frac{금융투자저축}{총저축}$	30% 이상	20대 : 50% 30대 : 40% 40대 : 30% 50대 : 20%
	노후대비저축 지표	$\frac{노후대비저축}{총저축}$	50% 이상	
자산부채상태	금융자산 비중 지표	$\frac{금융자산}{총자산}$	40% 이상	

출처 : 한국FP학회

Chapter 6

내 돈을 두 배로 불려 주는 재무 지식

마법의
72의 법칙

"시간은 인간이 쓸 수 있는 가장 값진 것이다."

- 테오프라스토스(고대 그리스 철학자)

'72의 법칙'은 '자산이 두 배로 불어나는 데 시간이 얼마나 걸릴까?'를 계산하는 일종의 공식이다. 예를 들어 복리가 적용되는 은행 상품에 가입했는데 금리가 연 4%라고 가정해 보자. 그러면 이 돈이 두 배로 불어나는 데 시간이 얼마나 걸릴까?

간단히 전자계산기를 사용하여 72를 4로 나눠 보면 쉽게 18이 나온다. 즉 연 4% 복리의 원금이 두 배가 되려면 18년이 걸린다는 뜻이다.

이번에는 연 6%짜리 금융상품에 가입했다고 가정해 보자. 역시 같은 방법으로 72를 6으로 나누면 12가 나온다. 마찬가지로 연 6% 복리의 원금이 두 배가 되려면 12년이 걸린다는 뜻이다.

이처럼 72의 법칙은 복잡한 암산 능력이나 공학용 전자계산기가 없어도 간단히 내 자산이 언제 두 배로 불어날 것인지를 계산할 수 있게 해 준다. 물론 72의 법칙이 아주 정확한 것은 아니다. 그렇긴 해도 그런 작은 차이 때문에 자산관리나 투자에 치명적인 결함이 발생하지는 않는다. 그래서 쉽고 편한 방법이라 널리 사용되고 있다.

복리로 계산되는 72의 법칙

그렇다면 72의 법칙은 이렇게 단순한 계산식에 불과한 것일까? 물론 아니다. 이를 응용하면 유익한 또 다른 결과를 얻어 낼 수 있다. 이번에는 기간이 주어졌을 때 자산을 두 배로 불리려면 금리, 즉 수익률이 얼마나 되어야 하는지를 알아보자.

이는 72의 법칙의 수식 변형으로 간단히 해결할 수 있는데, 즉 '72 나누기 기간은 금리'로 변형하는 것이다. 결국 기간이 정해져 있을 때 자산이 두 배가 되는 데 필요한 수익률을 산출해 낼 수 있는 것이다. 가령 앞으로 6년 후에 결혼할 생각으로 그때까지 자산을 두 배로 늘리고 싶다면 72를 6으로 나눈 값, 즉 연평균 12%를 달성해야 하는 것이다. 만약 4년 안에 두 배로 늘리고 싶다면 72를 4로 나눈 값인 18%를 매년 달성해야 한다.

기간을 넉넉히 잡아서 만약 10년 안에 두 배로 늘리고 싶다면 어떨까? 72÷10의 값인 7.2%가 되는 것이다. 즉 기간이든 수익률이든 구하고 싶은 값이 있으면 무조건 72에서 나누면 된다.

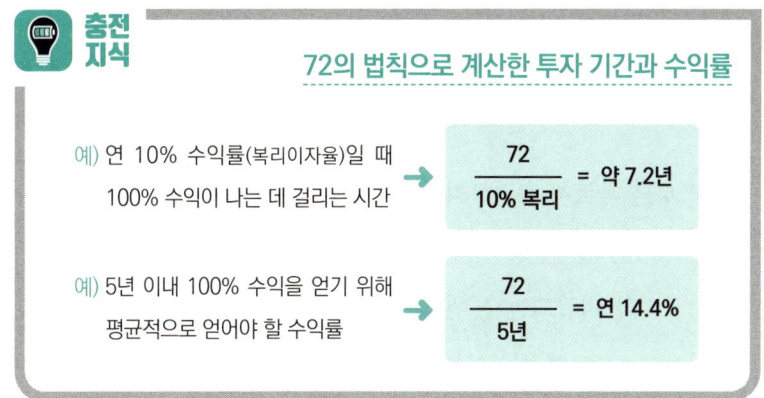

한편, 72의 법칙은 경제성장률 등을 예측할 때에도 사용한다.

예를 들어 인도나 중국 등 신흥 시장에 관심을 갖는 전문가들이 72의 법칙으로 그 나라의 경제 규모가 두 배로 성장하는 때가 언제인지를 추정하는 것이다. 이렇듯 72의 법칙은 금리나 수익률, 경제성장률 같은 특정한 증가율에 따른 달성 시기를 추정하는 데에 유용하게 쓰인다.

그런데 여기서 중요한 사실이 한 가지 있는데, 바로 72의 법칙은 단리가 아닌 복리가 적용되는 계산법이라는 점이다. 만약 매년 20%씩의 수익률을 달성한다면 보통 재산이 두 배 되는 시기는 5년이 되어야 할 것으로 생각하기 쉽다. 20% 곱하기 5년은 100%이기 때문이다. 그런데 사실 이것은 단리로 계산한 것이다. 72의 법칙으로 계산하면 72를 20으로 나눈 값인 3.6년이 걸려 무려 1.4년의 차이가 발생하게 된다.

이는 바로 72의 법칙이 '단리'가 아닌 '복리'에 의한 계산법이기 때문이다. 복리는 이자에 이자가 붙는 계산법인 반면 단리는 최초 원금의 이자만 매번 지급하는 방식이다. 여기에서 차이가 발생하는 것이다.

자산관리에서 72의 법칙의 의미

그렇다면 72의 법칙은 자산관리에서 어떤 의미를 가질까?

먼저 부를 빠르게 축적하려면 적절한 위험을 감수하며 투자를 해야 한다는 사실을 알려준다.

고정금리가 지급되는 은행의 예·적금 상품은 안전한 만큼 금리가 낮아서 투자 상품에 비해 상대적으로 돈이 모이는 기간이 길어질 수밖에 없다. 다시 말해 안전성에만 의존해서는 결코 빠르게 부를 획득하기가 어렵다는 것이다. 결국 부를 축적하는 시간을 줄이려면 다소의 위험성을 감수하는 대신, 상대적으로 높은 수익률이 기대되는 투자 상품에도 관심을 가져야 한다.

72의 법칙에서 보았듯이, 수익률이 높으면 높을수록 돈이 불어나는 시간이 줄어든다. 따라서 요즘 같은 저성장, 저금리 시대의 자산관리는 안전성에만 치우친 고정금리 상품이 아닌, 주식이나 펀드 등 고수익 고위험의 투자 상품에도 관심을 가져야 하는 것이다.

둘째로 꾸준히 재투자를 해야 한다는 것이다.

72의 법칙은 기본적으로 이자에 이자가 붙는 복리를 적용한 계산법이다. 불어난 이자를 인출해서 써 버리게 되면 돈이 불어나는 속도가 결코 빠를 수 없다는 이야기이다. 즉 매번 발생하는 이자나 수익금을 다시 재투자할 때 돈이 불어나는 속도가 증가된다는 이야기이다.

직장인의 경우라면 해마다 늘어나는 연봉의 일부분을 투자에 추가함으로써 복리의 효과를 배가시킬 수 있다.

셋째, 하루라도 빨리 일찍 시작해야 한다는 것이다.

돈이 없는 사람에게 유일한 자산은 시간뿐이다. 그런데 복리에 있어서 시간이 갖는 힘은 가장 강력하다고 말할 수 있다.

따라서 적은 돈이라도 하루 빨리 투자를 시작할 경우에는 복리가 시간이라는 힘을 얻어서 자기도 모르는 사이에 돈을 불려 놓을 수 있는 것이다. 그렇기 때문에 현재 투자할 여윳돈이 별로 없다고 하면서 계속 미루기만 하는 것은 어리석은 일일 수 있다. 적으면 적은 대로라도 시작하고, 조금씩 차츰차츰 늘려 가면 되는 것이다.

넷째, 오랫동안 장기 투자해야 한다는 것이다.

하루라도 빨리 투자해야 한다는 말은 장기투자를 해야 한다는 말과 다르지 않다. 돌려 얘기하면, 장기투자의 효과를 보기 위해서 하루라도 빨리 투자해야 한다는 뜻이다. 물론 당연히 복리의 효과 때문이다. 그런데 앞서 살펴본 것처럼 복리의 효과를 극대화하려면 투자 수익률이 높아야 하는데, 이는 어느 정도의 위험을 떠안는 금융상품에 투자하는 것이 된다. 가령 주식이나 펀드 등 기대수익률이 높은 상품의 경우, 위험이 상대적으로 높을 수밖에 없다. 결국 위험을 떠안고 투자하게 되는 것인데, 이를 극복하는 좋은 방법으로는 장기투자를 통해 단기간의 가격변동 위험을 피하는 것이다.

다섯째, 자산관리에서는 목표 설정과 점검이 중요하다.

72의 법칙은 앞서 살펴본 것처럼 시간과 수익률과의 관계를 따져 보는 것이다. 즉 시간에 따른 수익률 계산이나 수익률에 따른 시간 계산을 할 때 간략히 사용할 수 있는 공식인 셈이다.

따라서 투자를 막연히 시작할 게 아니라 보다 분명한 목표, 예컨대 '5년 뒤 돈을 두 배로 불리겠다' '매년 10%씩 수익률을 달성하는 투자를 하겠다' 하는 목표를 세우고 시작해야 한다. 분명한 목표 설정이야말로 좋은 결과를 얻어 낼 수 있는 밑거름이 되기 때문이다.

결론적으로 72의 법칙은 자산관리나 투자를 시작하려는 단계에서 내 자산이 얼마나 빠른 속도로 불어날 것인가, 또 그러려면 목표 수익률을 얼마로 잡아야 하는가에 대한 길잡이 역할을 해 준다는 것을 알 수 있다.

그런데 72의 법칙을 목표를 설정하거나 점검할 때 사용하면 좋은 잣대가 되는 건 맞지만, 너무 빨리 돈을 불리고 싶은 마음에 수익률 목표를 너무 높게 잡아 버리면 달성 가능하지도 않을 뿐더러, 자칫 너무 많은 위험을 감수하다가 돈을 잃을 수도 있다는 점을 유념해야 된다. 조급함을 버려라!

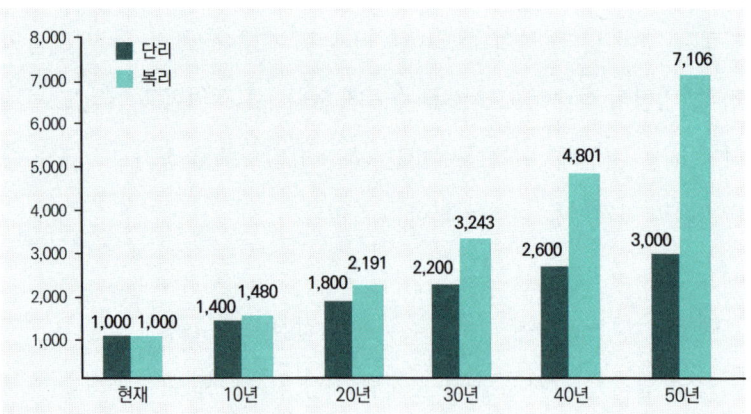

기간에 따른 단리와 복리 비교 (단위 : 천 원)

* 연 수익은 4%

수익률에 따른 단리와 복리 비교

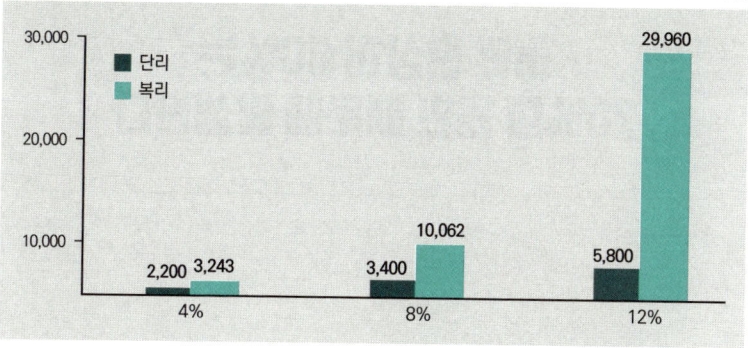

* 투자 기간은 30년

어떤 현상의 80%는 20%의 원인 때문에 발생한다

> "새로 상장한 주식의 가치가 제공가보다 두 배, 열 배, 아니 스무 배라고
> 보는 것은 완전 터무니없는 짓이다. 경영진이 주식을 싸게 팔 만큼
> 멍청하고, 증권인수인이 그 가치를 깨닫지 못할 만큼
> 멍청한 경우라면 누구든지 당장 보유 주식을 팔아 치울 것이다."
>
> - 버티 포브스(『포브스』지 창립자)

이탈리아의 경제학자인 빌프레도 파레토는 소득 분포의 불평등에 관한 연구를 하다가, '이탈리아 토지의 80%를 20%의 국민이 가지고 있다'는 사실을 발견하였다. 또한 자신의 텃밭에서 거두어들이는 완두콩의 80%가 20%의 완두콩 줄기에서 수확된다는 사실도 발견하였다. 이것이 후에 여러 학자의 손을 거쳐 발전되어 이른바 '파레토의 법칙'으로 불리고 있다.

파레토의 법칙은 소득분포의 불평등도를 나타내는 경험적인 경제 법칙이라고 볼 수 있는데, 이를 쉽게 말하자면 '어떤 현상의 80%는 20%의 원인 때문에 발생한다'는 것이다.

파레토의 법칙

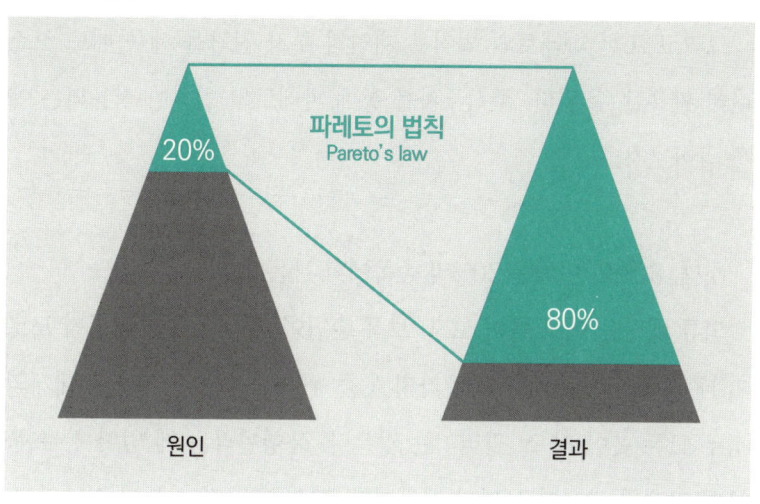

　예컨대, 전체 매출의 80%는 20%의 소비자에게서 발생한다든가, 어떤 회사의 전체 매출 80%는 20%의 직원이 달성한다든가 하는 것이다. 실생활에서도 비슷한 예는 더 찾아볼 수 있다.

　운동선수 중 20%가 전체 상금 중 80%를 차지한다든지, 성과의 80%는 집중력을 발휘한 20%의 시간에서 나타난다든지, 휴대폰 통화량의 80%는 20%의 사람에게 몰려 있다는 것이다. 또한 수많은 이메일 중 20%를 제외한 80%는 스팸 메일이라든가, 식당에서 주문 받는 음식의 80%는 전체 메뉴의 20%에 몰려 있다는 것도 예가 될 수 있다.

　결국 파레토의 법칙은 어떤 결과의 대부분이 특정한 소량의 원인에 달려 있다는 것이다. 그래서 상위 20% 고객을 대상으로 하는 VIP마케팅이 효과를 거두는 것이다.

주식 투자에 적용되는 파레토의 법칙

그리고 또한 파레토의 법칙은 개인의 투자 전략을 세울 때도 고스란히 활용할 수 있다. 주식투자를 통해 파레토의 법칙이 적용되는 예를 알아보자.

첫째, 80%의 이익은 20%의 종목에서 나온다.

의류 매장을 예로 들어 보자. 보통 손님이 어떤 옷을 좋아할지 모르기 때문에 가게 주인은 여러 가지 옷을 구비해 놓는다. 그런데 대개의 경우 모든 옷이 다 잘 팔리지는 않는다. 유행이라는 게 있어 한두 품목에 고객의 관심이 몰리기 때문이다. 따라서 일정 시점이 지나면 소비자들에게 인기 있는 옷이 정해지기 시작한다. 그러면 주인 입장에서는 안 팔리는 재고를 싼값에라도 정리하고, 잘 팔리는 상품을 더 많이 사다가 진열해 놓으려 할 것이다.

그렇다면 주식투자는 어떨까?

안타깝게도 대개가 이 반대로 이뤄진다. 대부분의 사람이 눈앞의 이익에 급급하여 오르는 종목은 팔아 버리고, 오르지 않아 손해를 본 종목은 본전 심리 때문에 질질 끌고 가는 경우가 많다.

당연히 의류 매장에서처럼 주식투자에서 모든 종목이 대박 나기란 쉽지 않다. '주식 고수'라고 불리는 사람들조차 수익의 상당 부분은 몇몇 종목에서 나오는 게 현실이다. 즉 수익의 80%는 20%에서 나오다는 말이다. 한마디로 주식 투자는 예측력에 달렸다기보다는 대응력에서 판가름 난다는 이야기이다.

가령 10개 종목을 고른다고 가정해 보면, 모든 종목이 다 오를 것이라고 예측하기는 어렵기에 주식 고수들은 제대로 고른 2개 종목에 집중해서 대부분의 수익을 여기서 내게 된다. 그럼 잘못 고른 나머지 8개 종목은 어떻게 할까? 손절매, 즉 손해를 감수하고 파는 등의 적절한 대응을 하는 것이다.

둘째, 80%의 손실은 20%의 종목에서 발생한다.

손절매의 중요성을 80대 20의 법칙에서도 찾아볼 수 있는데, 대개 투자를 하다 보면 10개의 종목 중 2개 정도가 큰 수익을 낼 수 있는 종목이고, 나머지 8개 중 2개는 큰 손실을 부를 수도 있는 종목이다.

문제는 손절매를 하지 못해 불과 한두 종목에서 손실의 대부분을 기록하게 된다는 것이다. 애써 다른 종목에서 벌어들인 수익을 한두 종목에서 다 까먹는다는 이야기다.

왜 그럴까? 물론 종목 선정이 애당초 잘못된 탓도 있겠지만 그보다는 상황에 맞춰 적절한 대응을 해야 하는데 이를 잘 못하기 때문이라고 볼 수 있다. 자신이 산 종목이 10%의 손실을 넘어서면 가차 없이 팔겠다고 마음먹었어도, 막상 손실이 발생하기 시작하고 손절매 범위를 넘어서는 순간 손실을 잘라 내야 하는데, 본전을 찾고 싶은 마음과 후회하기 싫은 마음 때문에 그렇게 하지 못하는 것이다. 이런 경우에 어떤 투자자들은 '물타기'란 걸 한다.

주식 물타기

주식 물타기란 손실이 나고 있는 상황에서 주가가 하락할 때마다 좀 더 낮은 가격으로 주식을 추가 매입해서 평균 매입단가를 낮추는 것을 말한다.

예를 들어 1만 원짜리 주식 1주를 샀다면 평균 매입단가는 1만 원이다. 그런데 이 주식이 8,000원까지 하락하게 되면 1주를 더 사는 것이다. 그럼 이제 총 2주를 보유하게 되고, 평균 매입단가는 9,000원이 된다. 이런 식으로 주가가 떨어질 때마다 주식을 사들이는 걸 '물타기'라고 한다.

그렇게 주식 수를 늘려 놓다가 만약 주가가 오르게 되면 그때 팔아서 이익을 내겠다는 전략이다. 이는 적립식 투자 방법과 비슷한 건데, 문제는 계속해서 떨어지는 주식들도 많다는 것이다. 주야장천 떨어지고 있는 주식을 물타기 하겠다고 계속 사들여 봐야, 계속 손실이다.

결국 떨어지는 주가가 반등하거나 재상승할 수 있어야 물타기도 성공하는 건데, 그냥 무작정 일단 물타기하고 보자는 사람도 의외로 대단히 많다.

셋째, 80% 상승은 20% 기간에 이뤄진다.

이는 주식투자에서 80%의 상승은 대개 20%의 단기간에 이뤄진다는 이야기인데, 이를 응용하려면 20%의 상승 국면을 잘 포착해야 한다.

물론 우량 주식에 장기 투자하는 것이나 저평가 주식을 발굴해서 가치 투자하는 방식은 예외로 삼아야 하겠지만, 일반 투자자들이 주식투자의 사이클을 이해하지 못하고 항상 주식을 보유하고 있으려는 것은 문제일 수 있는 것이다. 다시 말해 항상 계좌에 주식을 보유하고 있어야 마음이 놓이는 투자자나 손절매를 하지 못해 어쩔 수 없이 돈이 묶여 버리는 투자자들이라면 더욱 주의 깊게 들어야 하는 이야기이다.

마켓 타이머

'마켓 타이머(market timer)'란 시장을 예측해서 돈을 벌 수 있는 시기를 노리는 투자자를 말한다. 이 사람들은 수익을 만들려고 타이밍만을 찾는다. 보통 '단타'라고 한다. 그런데 사실 투자의 대가들조차 시장 예측은 신의 영역이라고 말할 정도로 어렵다. 그러니 타이밍만을 잡으려는 사람들이 투자에 성공하기는 더 어려울 수밖에 없다.

어떻게 투자해야 할까

지금까지 살펴본 80대 20 법칙을 통해 중요한 두 가지 사실을 알 수 있다.

첫째, 반드시 우량 자산에 투자해야 한다는 것이다.

주식투자에 있어 돈이 될 만한 종목을 고르는 요령은 역설적이게도 돈이 안 되는 주식부터 고르는 것일 수 있다. 반드시 3류 주식을 먼저 따로 떼어 놓고 우수한 브랜드와 품질, 독점적 시장지위 등을 가진 일류 기업에 투자하는 것이 돈을 버는 것이라는 이야기다.

유가증권시장에서 외국인 투자자들이 시가총액 상위 기업에 주로 투자하고, 일반 개인투자자들이 소위 '잡주'라고 불리는 부실기업에 관심을 갖는 것을 보면 누구는 돈을 벌고, 누구는 돈을 잃는지 이유를 알 수 있다.

둘째, 시장을 예측하지 말고 장기 투자해야 한다는 것이다.

앞서 얘기한 것처럼 주식 상승의 80%는 전 기간의 20% 시기에 달성된다. 따라서 얼핏 평소에는 투자하지 않다가 주가 상승기를 골라 투자하면 될 것 같지만, 이것은 개인 투자자에게 말처럼 쉽지 않은 문제이다. 투자의 대가들조차 시장을 예측해서 성공하기는 매우 어렵다고 증언하기 때문이다.

그렇다면 어떻게 투자해야 할까?

가격이 오르는 그 짧은 기간을 점치기 어렵다면 아예 그 시기를 포함하도록 장기 투자를 하는 것이 방법이라 할 수 있다. 예컨대 10년이라는 기간 동안 단 2년만 오르는 시기라면 그 10년 중 2년이 언제인지를 찾으려 하지 말고 아예 10년간 보유하는 게 낫다는 이야기이다. 이처럼 장기 투자를 하다 보면 상승 기간을 향유할 수 있다는 논리인 셈이다.

그런데 이렇게 장기 투자를 하려면 마음 놓고 기다릴 수 있는 여유자산으로 우량 종목을 가치보다 싸게 사서 보유해야 한다. 무턱대고 아무 종목에나 투자한 다음, 마냥 기다려서는 안 된다. 이는 일류 기업에 투자하라는 것과 맥을 같이 한다.

우리는 종종 새로운 기업, 소위 신선한 기업에 열광하곤 한다. 그러다 보니 시장이 뜨겁게 과열되기도 하지만, 얼마 지나지 않아 죽 쑤기도 한다. 우량기업은 대개 신생 회사가 아닌, 오랜 시간 독점적 지위를 확보한 규모 있는 기업인 경우가 많다는 사실을 기억해야 한다.

분할하여
매입하라!

"인내하는 자가 정복한다."

- 이탈리아 속담

정액분할투자법(Cost Averaging)이란 매달 붓는 적금처럼 월이나 분기 단위로 일정한 기간과 금액을 정해서 주식이나 펀드에 꼬박꼬박 투자하는 방식을 말한다. 일종의 분할매입 방식으로 리스크를 분산시키는 효과가 있다.

이 방법은 투자의 귀재 워렌 버핏의 스승인 벤저민 그레이엄이 일반 투자자에게 추천한 투자법이기도 한데, 벤저민 그레이엄은 정액분할투자법에 대해 매달 넣는 금액이 많지 않다면 당장은 신통치 않아 보일지 모르지만 10년, 20년, 그 이상의 시간이 지난 후에는 의미심장한 결과를 줄 수 있다고 강조하였다. 왜냐하면 장기간에 걸쳐 투자가 이뤄지는 데다 가격이 낮을 때에는 같은 돈으로 더 많은 주식이나 펀드를 살 수 있게 되기 때문이다.

한마디로 평균 매입단가를 낮추는 장점이 있는 것이다. 그래서 정액분할투자법은 정기투자, 분산투자, 장기투자라는 3가지 특성을 갖고 있다고 할 수 있다.

우선적으로 정액분할법을 활용한 주식투자는 그때그때의 시세나 시황에 민감하게 대처하지 않아도 되는 장점이 있다. 말하자면 더 싼 가격으로 매입하기 위해 매수 타이밍을 인위적으로 판단하거나 조절하는 등의 리스크에서 벗어날 수 있는 것이다.

어느 누구나 매수 타이밍을 정확하게 예측하는 것은 거의 불가능한 일에 가깝다. 하지만 정액분할투자법은 시장 흐름에 따라 그때그때 정해 놓은 금액만큼 기계적으로 매수하기만 하면 된다. 이 방식은 시장 가격이 높을 때는 적게 사고, 낮을 때는 많이 사기 때문에 장기적으로 보면 평균 매입단가를 낮추는 효과가 있다.

예를 들어 어떤 A라는 사람과 B라는 사람이 처음에 주식을 똑같이 1만 원에 샀는데, 1개월 후에는 주가가 상승해서 주식이 1만 5,000원이 되고, 그다음 달에는 폭락해서 5,000원, 마지막 3개월째가 되어서는 반등해서 다시 1만 원이 되었다고 가정해 보자.

그런데 A는 처음 주가가 1만 원일 때 3,000만 원을 모두 투자했고, B는 1,000만 원씩 3개월에 걸쳐 나누어 투자했다. 그럼 A의 잔고는 3개월이 지난 시점에 얼마가 되어 있을까? 당연히 3,000만 원이다. 하지만 B의 경우는 다르다.

B는 처음에는 1,000만 원으로 1만 원짜리 주식을 1,000주 사게 된다. 다음 달에는 1,000만 원으로 1만 5,000원짜리 주식을 667주 사

게 되고, 마지막 세 번째 달에는 1,000만 원으로 5,000원짜리 주식을 2,000주 사게 되어 3개월간 총 3,667주를 소유하게 된다. 그런데 이제 반등해서 주가가 1만 원이 되었으므로 B가 소유한 3,667주의 가치는 3,667만 원이 된다.

결국 A의 평균 매입단가는 1만 원이고, B는 투자 시기를 분산한 효과로 8,200원에 불과해 약 22%의 수익을 올리게 될 것이다.

이런 식으로 어떤 때는 더 사고, 어떤 때는 덜 사므로 정액분할법을 활용한 주식투자는 매입단가가 낮아지는 효과가 있는 것이다.

그런데 예를 들어 1만 원짜리 주식이 1만 5,000원, 2만 원, 2만 5,000원, 3만 원 이런 식으로 꾸준히 오를 것으로 예상된다면, 정액분할투자보단 거치식처럼 한꺼번에 투자하는 게 낫다. 앞으로 나누어 투자할 금액을 처음에 한꺼번에 투자한다면 나누어 투자하는 것보다 더 수익이 많을 것이기 때문이다.

충전지식

코스트 에버리징 효과

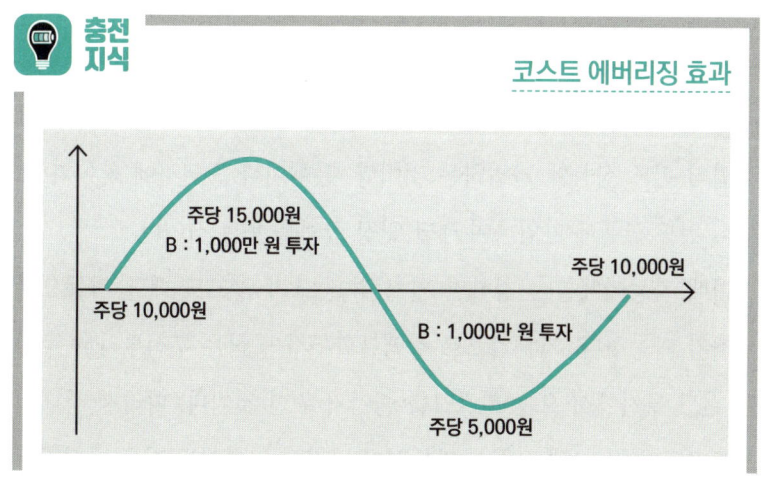

	투자 시작	1개월	2개월	3개월
A	3,000만 원 일시 투자	3,000주 보유	3,000주 보유	3,000주×1만 원=3,000만 원(0%)
B	1,000만 원 투자 1000주 보유	1,000만 투자 1,667주 보유	1,000만 원 일시 투자 3,667주 보유	3,667주×1만 원=3,667만 원(22%)

정액분할투자, 어떻게 하는 것이 좋을까

그렇다면 정액분할투자는 어떻게 하는 것이 좋을까?

정액분할투자법은 크게 직접 투자와 간접 투자로 나눌 수 있다. 직접 투자는 개인이 주식이나 유가증권 시장에 상장되어 있는 특정 펀드를 직접 골라 자신의 방식대로 정액분할투자 방식을 활용하는 것이다. 상장지수펀드(ETF)나 우량주식 등을 대상으로 정해진 시기에 일정 금액만큼 직접 사는 것이 한 예가 될 수 있다.

그러나 직접 투자하는 것은 개별 주식투자처럼 많은 신경을 쓰게 되고 시세 변동에 따라 매도 유혹에 빠지기 쉬워 정액분할투자 방식의 당초 취지와 다소 배치된다는 지적도 있다.

반면 간접 투자는 증권사나 은행 등 금융기관에서 판매하는 이른바 적립식 펀드 상품에 가입하는 것이다. 은행이나 증권사에 찾아가 적립식 펀드 상품에 가입하여 매달 일정 금액을 붓는 식이다.

이때 자동이체를 신청하면 별 신경을 쓰지 않고도 매달 자동으로 투자가 가능하다. 기본적으로 정액분할투자 방식은 주식투자나 주식형 펀드 투자에서 오는 리스크를 줄이기 위한 것이다. 따라서 상대적으로 안전하다고 해도 손실 가능성이 완전히 없어지는 것은 아니라는 점을 주의해야 한다. 환매를 해야 할 시점의 시세나 수익률이 평균 매입단가보다 낮으면 손실이 발생한다는 이야기다.

다만, 정액분할투자 방식을 장기적으로 하다 보면 결국 평균 매입단가가 낮아져 수익을 낼 확률이 높다는 게 장점이다. 이 때문에 정액분할투자는 3년 이상의 장기투자가 많이 권장되는 편이다. 혹 노후자금이나 자녀 교육비 등 장기 목표를 가지고 자산을 투자하는 것이라면 훨씬 더 긴 기간을 투자하는 것도 생각해 볼 수 있다. 물론 당연히 재무설계를 할 때도 이 점을 고려할 필요가 있다.

정액분할투자법을 활용한 직접 투자나 적립식 펀드가 좋은 점은 저축의 위력을 새삼 확인할 수 있다는 사실이다. 적립식 펀드가 장기간 투자하면 수익을 낼 확률이 높은 것은 그것이 기본적으로 저축의 성격을 갖기 때문이다. 매달 일정한 금액을 투자한다는 말 속에는 '적금'의 성격을 내포하고 있는 것이다. 그것이 적립식 펀드이든 우량주를 활용한 정액분할투자법이든 꾸준히 모아 간다는 것이 결국 어떤 테크닉보다 위력적이라는 사실을 기억해야 할 것이다.

정액분할투자를 할 때 주의해야 할 점

정액분할투자는 지수가 상승했다가 하락하게 되면 불리하다. 예를 들어 1만 원 하던 주가가 2만 원 찍고 1만 원으로 돌아오는 경우, 정액분할로 투자했다면 마이너스 손실을 보게 된다.

즉 1만 원 할 때 10만 원어치를 투자했다면 10주를 사지만, 한 달 뒤 두 배로 올라서 주가가 2만 원이 됐다면 10만 원으로 5주밖에 못 사게 된다. 그리고 다시 원래대로 1만 원으로 주가가 돌아온다면, 역시 10만 원으로 10주밖에 못 사게 된다. 결국 3번에 걸쳐 30만 원어치를 샀지만, 그때까지 산 총 주식 수는 25주이다. 현재 주가가 1만 원이니까 25만 원어치를 보유하고 있는 셈이라서 30만 원을 투자했지만 마이너스 손실을 20% 가까이 보게 되는 것이다.

```
       주가 : 20,000원
         매수 : 5주                           적립식 펀드 수익률 : 33%
                                            거치식 펀드 수익률 : 0%

                                      주가 : 10,000원      주가 : 10,000원
                                        매수 : 10주          매수 : 10주

 주가 : 10,000원    주가 : 10,000원
   매수 : 10주        매수 : 10주

  적립식 펀드 수익률 : -17%                    주가 : 5,000원
  거치식 펀드 수익률 : 0%                       매수 : 20주
```

    2005년쯤에 적립식펀드 가입한 사람들이 이런 경우에 해당할 수 있다. 당시 종합주가지수가 1000포인트 정도 했는데, 2006년에 계속 올랐고, 2007년엔 2000 포인트도 넘어섰다. 그런데 2008년부터 하락하는가 싶더니, 그해 가을에 글로벌 금융위기가 시작되면서 폭락을 해 결국 892포인트까지 빠졌다. 결국 이 사람들이 본전을 찾고 싶은 마음에 대거 환매를 했는데, 수익률이 상당히 마이너스였을 것이다. 상승했다가 하락하는 장세라서 정액분할투자가 불리한 방식이기 때문이다.

    그런데 반대로 2007년 2000포인트가 넘을 때 막차를 타기 위해 적립식펀드에 가입한 사람들은 재미를 좀 보았다. 그들은 곧 금융위기로 폭락장을 경험했기 때문이다. 그런데도 꾸준히 정액분할투자를 한 사람들은 2010년에 2000포인트가 다시 넘어서는 걸 보고 본전을 찾자는 심정으로 대거 환매해 아주 좋은 수익률을 거두었다. 이는 정

액분할투자에 유리한 지수가 하락했다가 상승할 때 꾸준히 사 모았기 때문이다.

코스피 지수(2006~2011년)

적립식 펀드의 3가지 환매 요령

적립식 펀드는 정액분할투자법을 바탕으로 투자자들이 쉽게 투자할 수 있도록 기성복처럼 만들어 놓은 투자 상품이다. 그렇다면 이러한 적립식 펀드에 가입했다면 언제 환매하는 것이 좋을까? 환매 시 평균 매입단가보다 주가가 높아야 플러스 수익을 낼 수 있다.

그래서 적립식 펀드 역시 주식처럼 팔 때가 중요하다. 적립식 펀드나 정액분할투자를 할 때 활용할 수 있는 환매 요령으로 크게 3가지 정도를 생각해 볼 수 있다.

첫째, 목표 수익률에 도달하면 환매를 고려한다.

아무리 투자 기간을 장기로 생각했다고 해도 일단 목표 수익률에 도달하면 환매를 고려해 보는 방법이다. 5년 이상 투자하기로 했으니 무조건 그때까지는 투자한다는 식으로 하면 언제 또다시 목표 수익률에 도달할지 모르기 때문이다.

따라서 일단 목표 수익률에 도달하면 자신의 자금 스케줄이나 중장기 시장 상황 등을 고려해 환매 여부를 결정하는 게 바람직하다. 예컨대 목표 수익률을 100%로 잡고 10년 동안 투자할 요량이었는데, 5년 만에 목표 수익률에 도달하면 나머지 5년에 대한 욕심을 버리고 환매를 하는 식인 것이다.

둘째, 환매 가능 시기를 넉넉히 잡는다.

투자 기간이 3년이라면 그 기간을 전후한 어느 때라도 환매해도 상관없다는 식으로 넉넉하게 환매 시점을 잡는 것이다. 그러려면 당연히 투자 목적이 '여유 자금'이어야 한다. 3년 후에 전세자금으로 꼭 써야 할 돈을 적립식 펀드로 마련하겠다는 식의 투자 전략은 바람직하지 않다.

투자 기간의 1/3 정도를 남긴 시점에서는 환매를 고려하는 것이 좋다고 생각한다. 3년을 투자 기간으로 잡았다면 2년이 경과하는 시점부터는 원하는 수익률 범위에 들어오면 환매를 하는 것이다. 왜냐하면 조금 더 수익을 올리려고 기다리다 환매 시점을 놓칠 수도 있기 때문이다.

그래서 만약 5년을 목표로 잡았다면 대략 3년 6개월, 10년이라면 7년이 경과한 시점에서는 환매를 고려하는 전략으로 접근하는 게 바람직한 환매 요령이 될 수 있을 것이다.

셋째, 환매 시점이 다가오면 투자 비중을 줄인다.
이는 투자 기간별로 비중을 달리하는 방법인데, 만약 적립식 펀드의 투자 기간을 3년으로 계획했다면 처음 2년은 당초 계획대로 투자를 하다가 마지막 1년 동안은 투자 비중을 줄여 가면서 적절한 환매 시점을 찾는 게 방법일 것이다.
앞서 두 번째 제시했던 방법과 유사하지만, 보다 안전하게 기대수익률을 달성한 후 빠져나올 수 있는 방법이라고 할 수 있다. 속된 말로 투자 기간의 마지막 단계에서 물리는 것을 방지하기 위한 하나의 조치라고 볼 수 있다.
욕심이 과하면 화를 부른다. 오를지 내릴지는 아무도 정확히 알 수 없다. 그래서 어느 정도 수익을 얻었으면 만족할 줄 아는 게 좋은 방법인 것 같다.
정액분할투자도, 장기투자도 인내 없이는 아무래도 힘들다. 살아가다 보면 경주에서 중요한 건 속도가 아니라 지구력이란 걸 알게 된다. 결국 자산관리의 기본도 끈기와 인내이다.

-50이 어떻게 +100이 되는가

"이익이 있는 곳 근처에는 손해가 숨어 있다."

- 일본 속담

혹시 '-50=+100의 법칙'이라고 들어 보았는가?

이 법칙은 초보 투자자에게 리스크 관리의 중요성을 알려 주는 공식이다. 얼핏 보기에 '-50과 +100이 같다고? 이게 무슨 공식이야?'라고 생각하기 쉽지만 요지는 이렇다.

예를 들어 주당 1만 원에 어떤 주식을 샀다고 가정해 보자. 그런데 만약 이 주식이 며칠간 급락해서 주당 5,000원이 됐다면 50% 하락한 셈이다. 이때 투자자들은 5,000원 떨어졌으므로 앞으로 5,000원만 더 오르면 본전이 된다고 생각하기 쉽다. 그러나 5,000원 오른다는 것은 50% 오르는 게 아니다. 5,000원 오르려면 100% 수익률을 거둬야 5,000원이 1만 원이 되는 것이다.

또 아래 표에서 보는 것처럼 만약 90% 손해를 보면 900%가 올라야 본전이 된다.

-50=100 법칙의 적용

손실 비율	최초	하락	상승	최종 수익률	필요수익률
10%	10,000	9,000	9,900	-1%	11%
20%	10,000	8,000	9,600	-4%	25%
30%	10,000	7,000	9,100	-9%	43%
40%	10,000	6,000	8,400	-16%	675
50%	10,000	5,000	7,500	-25%	100%
60%	10,000	4,000	6,400	-36%	150%
70%	10,000	3,000	5,100	-49%	233%
80%	10,000	2,000	3,600	-64%	400%
90%	10,000	1,000	1,900	-81%	900%

이처럼 한 번 손실을 보게 되면 회복하는 게 정말 어렵다.

이를 봐도 손실 관리를 잘하는 것이 너무나 중요하다. 따라서 떨어지는 주식은 손절매 원칙을 잘 지켜서 손실금이 급속히 커지지 않도록 싹을 잘 자르는 요령을 키워야 하는 것이다.

'-50=+100의 법칙'은 워렌 버핏과 조지 소로스, 필립 피셔 등 투자 대가들의 투자법과도 닮아 있다. 그들은 누구보다도 손실을 싫어했는데, 그 이유는 돈을 많이 벌려고 하는 것보다 돈을 잘 지키는 것이 더 중요하다는 것을 알고 있었기 때문이다.

그럼 이와 함께 앞서의 '72의 법칙'을 떠올려 보자. 돈을 한 번 절반 정도 잃고 나서 다시 돈을 두 배로 불려 원금을 회복하려면, 연평균 수익률을 4%라고 했을 때 무려 18년이 걸릴 것이다. 워렌 버핏처럼 수익률을 엄청 잘 올린다고 가정해서 20%라고 쳐도 3년 6개월이나 걸린다. 한마디로 엄청난 시간 낭비와 손실이 발생하는 것이다.

즉 애당초 손실이 발생하지 않도록 하는 것이 무엇보다 중요한 것이다. 그래서 워렌 버핏은 투자 성공의 원칙 두 개를 꼽았는데, 첫째가 '돈을 잃지 마라'이고, 둘째가 '첫째 원칙을 잊지 마라'였다.

그럼에도 손절매를 잘하지 못하는 이유

그렇다면 왜 투자자들이 말로는 "손절매, 손절매" 하면서도 잘하지 못하는 것일까? 이는 '손실 혐오' 본능 때문이라고 한다. 행동경제학자들에 의하면 사람들은 똑같은 액수라 해도 얻는 것의 가치보다 잃는 것의 가치를 훨씬 크게 느낀다고 한다.

예를 들어 어떤 사람이 현재 A전자와 B전자의 주식을 가지고 있는데, C자동차의 전망을 좋게 보고 이 회사의 주식을 사기 위해 가지고 있는 두 전자회사 주식 중 한 회사의 주식을 팔아야 한다고 가정해 보자. 이때 A전자의 주식은 50%의 수익을 올리고 있고, B전자의 주식은 50%의 손실을 기록하고 있다면 어떤 종목을 팔고 C자동차의 주식을 사는 것이 좋을까?

물론 어떤 종목을 파는 행위는 단순히 개인의 선택일 수 있지만, 앞서 살펴본 것처럼 손절매의 중요성을 감안한다면 B전자의 주식을 파는 것이 합리적인 선택이라고 볼 수 있다. 그러나 현실에서는 대부분 A전자의 주식을 팔고 B전자의 주식을 쉽게 손절매하지 못하는 것으로 알려져 있다. 바로 손실 혐오 본능 때문이다.

한마디로 대다수의 사람들이 이득에 의한 기쁨보다 손실에 의한 아품을 더 기피하는 것이다. 이런 심리로 인해 주식시장에서 주가가 상승해 이익이 확정된 주식은 쉽게 팔아 버리지만, 하락해서 손실이 난 주식은 쉽게 팔지 못하는 현상이 많이 나타난다. 결국 원금에 집착하기 때문에 손실이 나도 자르지 못하고 더 큰 손실을 부르고 마는 것이다. 또한 조금만 수익이 나도 눈앞의 이익을 확보하려는 본능 때문에 더 큰 이익을 거두지 못하고 멈추는 경우가 많은 것이다.

이처럼 손절매를 잘 못하는 것은 인간의 본성상 어쩔 수 없는 일일 수도 있지만, 성공하는 투자자가 되기 위해서는 반드시 단련시켜야 할 마음가짐인 것이다.

손해를 줄일 수 있는 방법

그렇다면 이러한 인간의 기본적인 심리에 영향을 받지 않고 어떻게 하면 손해를 줄일 수 있을까?

손절매란 투자한 상품의 가격이 올라가지 않고 오히려 손실이 나기 시작해서, 손해를 보고서라도 매도하는 것을 말한다. 영어로 로스컷(Loss-cut)이라고 부르는데, 이 말에서 보듯 손실을 자른다는 의미이다. 쉽게 말해 더 큰 손실이 발생하기 전에 싹을 자른다는 뜻이다. 그런데 앞에서 살펴본 바와 같이 손실 혐오 본능이나 기분 효과 등으로 투자자들은 손절매을 잘하지 못하는 것이 현실이다.

그래서 생각해 낸 것이 기계적인 손절매이다. 이는 매수한 가격에서 얼마 이하로 떨어지면 미련을 갖지 않고 기계적으로 파는 것이다. 월 스트리트 최고의 투자 전략가로 꼽히는 윌리엄 오닐의 경우, 8%의 손실이 발생하면 주저하지도 않고 손절매를 하였다. 오닐은 이 같은 원칙에 절대 예외가 없었다고 한다. 투자 기업이 획기적인 신제품을 개발했을 때도, 충격적인 뉴스가 전해지면서 일시적으로 주가가 급락한 경우에도 반드시 지켜야 한다는 이야기다.

또한 오닐은 꼭 8%가 아니라도, 자신의 판단이 잘못됐다고 생각한다면 1~2%의 하락에도 손절매를 하는 것이 바람직하다고 강조한다. 오닐에 따르면 10% 손절매 원칙을 지키는 투자자가 있는가 하면, 이를 변형해서 일단 5%가 하락하면 보유 주식의 절반을 손절매하고, 10%가 하락하면 나머지 절반을 파는 그런 손절매 원칙을 강조하는 투자자도 있다고 한다.

반면 워렌 버핏을 비롯한 가치 투자자들은 가격보다는 가치 훼손에 주목한다. 자신이 그 기업에 투자한 이유, 즉 기업 가치가 훼손되지 않았는데 가격이 하락한 것이라면 매도할 이유가 전혀 없다는 것이다. 이들은 오히려 이때 추가 매수를 한다. 좋은 주식을 싼 가격에 쓸어 담을 수 있는 좋은 기회로 보는 것이다. 이는 확실한 매입 근거가 있으므로 단순히 매입단가를 낮추고, 마이너스 수익률을 낮게 만드는 데 급급한 이른바 물타기와는 확실히 다르다.

어쩌면 우리는 숨어 있는 손해를 애써 외면하면서, 이익만을 바라보는 건 아닐까? 투자의 귀재, 워렌 버핏 말처럼 '돈을 잃지 않는 것'을 잊지 말아야 한다.

Chapter 7

경제 지식으로 돈의 흐름 읽기

아인슈타인이 말한
인류 최고의 발명

"인류 최고의 발명은 복리다. 복리야말로 우주에서 가장 강력한 힘이다."

- 아인슈타인

　일상생활을 하다 보면 남는 돈을 은행에 예금하거나 다른 사람에게 빌려줄 때도 있지만, 돈이 부족해 빌려야 하는 경우도 있다. 이렇게 돈을 빌리게 되면 일정 기간 돈을 빌려 쓴 것에 대한 대가를 지불하게 되는데, 이를 이자라 부른다. 또 이자의 원금에 대한 비율을 금리, 또는 이자율이라고도 한다.

　이자는 은행에 예금하는 경우에도 생기는데, 이것은 뒤집어서 은행이 예금주의 돈을 빌려 쓴 대가를 지급하는 것이라고 할 수 있다. 예를 들어 은행에 100만 원을 예금하고 1년 뒤에 110만 원을 받는다고 하면 돈을 예금한 대가로 받는 10만 원이 이자이고, 이 이자 10만 원의 원금 100만 원에 대한 비율, 즉 10%가 이자율이다. 이러한 이자율은 현재의 소비를 희생한 대가라고도 볼 수 있다. 다시 말해 100만 원을 예금하지 않으면 누릴 수 있는, 영화 관람, 외식, 옷 구입 등 현재 소비의 만족을 포기한 대가라고 할 수 있는 것이다. 또한 이자는 금융거래를 하고 일정 기간이 지나야 발생하므로, 이자를 돈의 시간가치라고도 말한다.

그러면 이러한 금리는 어떻게 결정될까?

기본적으로 시장의 수요와 공급 원리에 의해 결정된다고 말할 수 있다. 시장에서 상품을 사고자 하는 수요와 팔고자 하는 공급이 변동함에 따라 상품 가격이 달라지는 것과 마찬가지인 것이다. 돈의 가격인 금리도 돈을 빌리려는 수요가 공급보다 많으면 올라가게 되는 것이고, 반대로 돈을 빌려주려는 공급보다 수요가 적으면 떨어지게 되는 것이다.

돈의 수요와 경기 전망과 물가의 상관관계

보통 돈의 수요는 주로 기업 투자에 좌우된다. 일단 경기 전망이 좋다 하면 기업들은 이익이 늘어날 걸로 예상되니까 투자를 하는 게 일반적이다. 결국 경기 전망이 좋아져서 이익 증가가 예상되고, 이익 증가가 예상되니까 기업이 투자를 하고, 기업이 투자를 하려니 돈이 필요한 것이다.

이 돈을 구하려니 돈에 대한 수요가 늘어나고, 수요가 늘어나니 돈값, 즉 금리가 올라간다. 결국 경기가 좋아질 걸로 예상되면 금리가 오르는 것이다.

금리와 물가는 비례 관계다. 그래서 물가가 오를 걸로 예상되면, 내가 가진 돈의 가치는 떨어지므로 돈을 빌려주는 사람의 입장에서는 돈값을 올리게 되니 금리가 상승하게 된다.

사실, 수요 공급이나 물가 외에도 돈값에 영향을 미치는 요인은 많다. 예를 들어 돈을 빌리는 사람의 신용이 낮으면 금리는 올라가고, 신용이 높으면 금리는 내려간다. 또 돈 빌리는 기간이 길면 길수록 돈을 떼일 위험이 커지므로 대개 금리가 올라간다. 반대로 돈 빌리는 기간이 짧으면 짧을수록 돈 떼일 위험이 적으니까 금리는 내려간다.

복리의 힘은 위대하다

이러한 금리에는 여러 가지 종류가 있다.

먼저 계산하는 방법에 따라 단리와 복리로 나눌 수 있는데, 단리는 단순히 원금에 대한 이자를 계산하는 방법이고, 복리는 이자에 대한 이자도 함께 계산하는 방법이다. 한마디로 이자에 이자가 붙는 계산 방식인 것이다. 예를 들어 1,000만 원의 돈을 20년간 예금한다고 가정해 보자. 연간 10%의 이자를 지급한다면, 20년 후에는 1,000만 원이 얼마로 불어날까?

우선 원금에만 이자가 붙는 단리로 계산해 보면 1,000만 원의 10%인 100만 원이 매년 이자로 붙게 되고 이걸 20년 동안 받는다고 하면 총 2,000만 원의 이자가 붙을 것이다. 따라서 현재의 1,000만 원은 원금 1,000만 원과 이자 2,000만 원을 합해 20년 후 총 3,000만 원으로 불어나게 된다.

그럼 이번엔 복리로 계산해 보면 어떨까?

우선 1년 후에는 복리도 단리와 다를 게 없는데, 연간 10%의 이자인 100만 원이 붙기 때문이다. 하지만 2년 후가 되면 계산이 달라진다. 복리는 이자에 이자가 붙는 계산 방식이라서 원금 1,000만 원에 10%의 이자가 붙는 것은 당연하고, 거기에 1년 후 붙었던 이자 100만 원에도 10%의 이자인 10만 원이 붙게 된다. 그러므로 2년 후의 총 예금은 1,210만 원이 되는 것이다. 그리고 3년 후에는 원금 1,000만 원에도 10% 이자가 붙고, 이자 210만 원에도 10% 이자가 붙어서 총 1,331만 원으로 불어나게 된다. 단리 방식으로 계산한 예금의 3년 후 금액인 1,300만 원보다 31만 원이 많은 것이다.

얼핏 31만 원의 차이는 대수롭지 않게 보일 수 있지만, 10년 후로 가정해 보면 단리와 복리의 차이는 더욱 커지게 된다. 단리의 경우에는 이자가 1,000만 원 더 붙지만, 복리는 1,593만 원이 된다. 무려 600만원 가까이 차이가 나는 것이다.

그럼 처음에 가정한 것처럼 20년 후로 계산해 보면 어떨까?

단리 방식으로는 20년 후의 이자가 2,000만 원이 붙어 원리금을 합친 총액은 3,000만 원이다. 하지만 복리의 경우에는 자그마치 5,727만 원이 붙어 원리금을 합친 총액은 6,727만 원이 된다.

FV = 미래가치, PV=현재가치, r=수익률(연이율), n=투자 기간(연 단위)이라고 가정했을 때, 계산식은 다음과 같다.

① **단리 계산 시**

$FV = PV \times [1 + (r \times n)]$

10,000,000원 × [(1+(0.1×20)] = 30,000,000원

② **복리 계산 시**

$FV = PV \times (1+r)^n$

10,000,000원 × $(1+0.1)^{20}$ = 67,270,000원

단리와 복리 수익률 비교

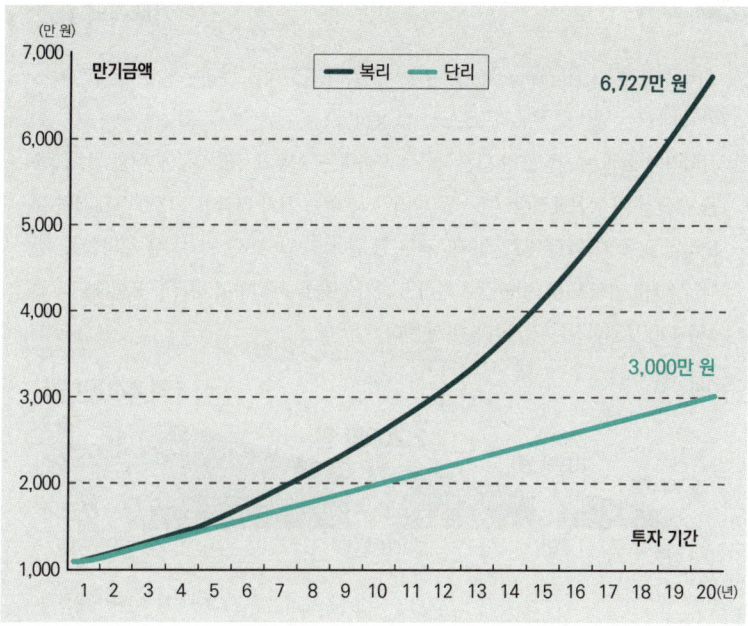

* 연수익률 10% 동일

흔히 복리의 힘을 위대하다고 표현하는 이유는 바로 이런 점 때문이다. 그렇다면 이러한 복리의 힘은 어디에서 나올까?

다름 아닌 시간의 길이에서 나온다. 투자하는 기간이 길면 길수록 이자에 이자가 붙는 횟수가 많아지기 때문에 이자액이 눈덩이처럼 기하급수적으로 불어나는 것이다. 따라서 복리가 적용되는 금융상품에 장기간 가입하는 것이 큰 이득이 될 수 있음을 알 수 있다.

만약 현재 30대 초반이라면 은퇴까지 무려 30여 년의 시간이 남아 있다. 이 복리로 30년 동안 장기간 운용한다면 노후에 큰 힘이 될 것이다.

카페라테 효과

'카페라떼 효과(caffe latte effect)'란 소액저축의 중요성을 뜻하는 말로 무심코 사소한 것에 쓰는 낭비를 은유적으로 표현한 용어다.

카페라떼 효과는 사람들이 습관적으로 지출하는 소액의 기호식품에 대한 기회비용을 계산할 때 유용해진다. 예를 들어 매일 사 먹는 커피 가격이 4,000~5,000원 정도라면 이를 사 먹지 않고 저축할 경우 한 달에 12만~15만 원가량을 절약할 수 있다. 시계를 넓혀 이를 30년간 저축하면 물가 상승을 제외하고 이자만 포함해도 무려 1억 440만 원이라는 거금이 모이게 된다.

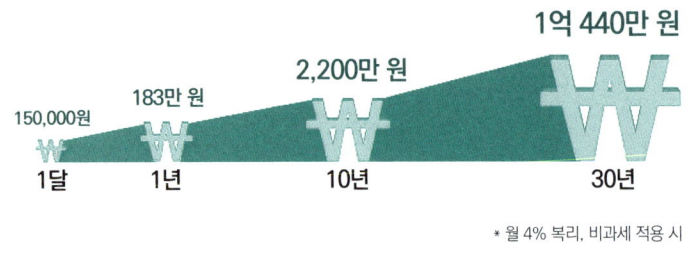

* 월 4% 복리, 비과세 적용 시

아인슈타인이 노벨상을 받을 때, 기자들이 인류 최고의 발명이 뭐냐고 물었더니 "복리"라고 답했다고 한다.

어쩌면 우리는 그렇게 흔하게 듣던 복리를 잊고, 검증도 되지 않은 수많은 재테크 방법을 찾아 여기저기 헤매고 다니는지도 모르겠다. 복리의 중요성을 절대 잊지 마라.

돈 값에는 생각보다 다양한 종류가 있다

"주머니에 있는 것을 머릿속에 쏟으면 아무도 가져갈 수 없다.
지식에 투자하면 가장 높은 이자를 지급한다."

– 벤자민 프랭클린

금리와 이자율은 동일한 뜻이지만, 금리는 주로 은행 거래에 사용하고 이자율은 좀 더 넓은 의미로 일반적인 금융 거래에 사용하는 개념이다.

돈의 운용 방법에 따라 적용되는 이자율이 다르다. 그중에서 예금 이자율이란 우리가 은행에 돈을 예금할 때 적용받는 이자율을 말하는데, 언제든지 현금으로 찾을 수 있는 요구불예금인 경우에는 이자율이 낮지만, 현금으로 바꿀 때 해약 수수료 등 제약이 따르는 정기 예금이나 정기 적금의 이자율은 상대적으로 높다.

또 은행에서 돈을 대출받을 때 적용하는 대출 이자율은 대출자의 신용에 따라 다르다. 즉 돈을 제때 갚을 수 있는지에 따라 달라지는

데, 돈을 갚지 않을 염려가 있는 사람에게는 높은 이자를 받고, 반대로 돈을 잘 갚을 것 같은 사람에게는 낮은 이자를 받는다.

이렇게 이자율이 높고 낮은 이유는 한마디로 은행 대출 때문이다.

은행은 예대마진이라고 하는 예금과 대출의 이자 차액을 주 수입으로 삼는데, 그러다 보니 예금 받은 걸 대출로 잘 돌려야 한다.

정기 예금이나 정기 적금은 일정 기간 은행에 맡겨 두기로 한 것이므로 은행 입장에선 계획을 잘 세워 제대로 자금 운용을 할 수 있기에 이자를 높게 주는 것이고, 반대로 요구불예금 같은 경우에는 언제든지 고객이 찾아갈 수 있으므로 이자를 낮게 줄 수밖에 없다.

은행은 대출이자를 받아서 예금이자를 빼고 난 나머지를 수입으로 얻는데, 당연히 예금이자보다 대출이자를 높게 받을 수밖에 없고, 대출을 내보낼 때 안전이 중요할 수밖에 없다. 그 예대마진이 은행의 주 수입원으로 은행 직원들의 급여를 주고, 월세를 내고 하는 것이기 때문이다.

그래서 신용이 좋으면 이자를 낮게 받고, 신용이 나쁘면 이자를 높게 받는 식으로 운용하는 것이다. 따라서 우리가 신용을 잘 쌓아 나가야 하는 것이다.

실질금리와 명목금리

금리는 돈의 가치 변동, 즉 물가 변동을 고려하느냐 안 하느냐에 따라 실질금리와 명목금리로 구분할 수 있다. 명목금리는 물가 상승에 따른 구매력의 변화를 감안하지 않은 금리이고, 실질금리는 명목금리에서 물가상승률을 뺀 금리이다.

금리는 한마디로 사용료이다. 그런데 사용료를 정했다면 그게 명목금리인데, 명목금리만으론 부족한 게 있다. 만약 물가가 오른다면 내 돈의 가치는 당연히 떨어진다. 그래서 명목금리만큼 돈을 받았다고 하더라도 실제로 내 돈의 가치는 물가가 오르는 바람에 반대로 떨어질 테니, 이걸 계산한 게 바로 실질금리이다. 그래서 실질금리는 명목금리에서 물가상승률을 뺀 값이다.

즉 우리가 돈을 빌리고 빌려줄 때에는 보통 명목금리로 이자를 계산하지만, 실제로 기업이 투자를 하거나 개인이 예금을 하려고 할 때에는 실질금리가 얼마인가에 관심을 갖게 되는 것이다. 예를 들어 1년 만기 정기예금의 금리가 연 5%이고, 물가상승률이 연 4%라고 한다면, 실질금리는 1%가 되는 것이다. 따라서 예금 가입자가 받는 실질 이자 소득은 같은 금리 수준에서 물가상승률이 낮을수록 늘어나게 된다.

표면금리와 실효금리

또 금리는 표면금리와 실효금리로도 구분된다. 표면금리는 겉으로 나타난 금리를 말하고, 실효금리는 실제로 지급받거나 부담하게 되는 금리를 뜻한다. 표면금리가 동일한 예금일지라도 단리냐 복리냐 등의 이자 계산 방법이나 또는 이자에 대한 세금이 얼마나 부과되느냐에 따라 실효금리가 달라지게 된다.

실효금리를 좀 더 살펴보면 실효금리는 주로 세금을 뺀 나머지 금액이 얼마인지를 보는 것이다. 예를 들어 100만 원을 예금했는데, 표면금리가 10% 붙으면 1년 뒤에 10만 원을 이자로 받을 것이다.

그런데 예금이자에 대해서 우리나라는 이자소득세 명목으로

15.4%를 국세청에서 걷어가므로 10만 원의 15.4%인 1만 5,400원을 가져간다. 따라서 내 주머니에 들어오는 실제 이자는 8만 4,600원이 된다. 그런 의미에서 100만 원 예금하고 8만 4,600원을 이자로 얻었으니까, 실효금리는 10%가 아니라 8.46%가 되는 것이다.

수익률과 할인률

그리고 금융거래에서 많이 접하게 되는 금리의 또 다른 개념 중 수익률과 할인율이란 것이 있다. 예를 들어 만일 지금 100만 원짜리 채권을 산 뒤, 1년 후 원금 100만 원과 이자 금액 10만 원을 받는다면 수익률은 10%가 된다. 즉 수익률은 투자수익, 다시 말해 이자금액을 투자 원금으로 나눈 비율을 말한다.

그리고 100만 원짜리 채권을 지금 10만 원 할인된 90만 원에 사고 나서 1년 후 100만 원을 받는 경우에도 할인율이 10%라 한다. 이를 앞서 설명한 수익률로 바꾸어 보면 현재 90만 원짜리 채권에 투자하고 1년 후에 원금 90만 원과 이자 금액 10만 원을 받는 것과 같다.

금융시장에서 일반적으로 사용하는 이자율 또는 금리는 수익률 개념이라고 보면 된다. 따라서 할인율로 표기된 경우에는 정확한 금리 비교를 위하여 수익률로 전환하여 사용할 필요가 있다. 원금 90만 원에 이자 10만 원을 받게 되었으니, 수익률은 11.1%가 된다.

수익률, 할인율 개념은 자주 쓰는 편이니 정확히 알아 두는 게 좋다. 보통 채권이나 증권에 투자할 때, 이자율을 먼저 적용하면 할인율이라고 하고, 은행 예금 이자율처럼 나중에 적용하면 수익률이라고 한다. 이걸 다시 얘기하면 할인율은 미래에 받을 금액을 현재 가치로 환산하는 것이고, 수익률은 현재의 투자금액에 대한 장래에 생기는 수익의 비율을 말하는 것이다.

- **할인율** = 할인금액/채권가격 = 100,000/1,000,000
  = 0.100 또는 10.0%

이를 수익률 개념으로 전환하면 다음과 같다.

- **수익률** = 이자금액/채권가격 = 100,000/900,000
  = 0.111 또는 11.1%

수익률 관련 용어

종류	주요 내용	비고
명목금리	돈의 가치 변동, 즉 물가 변동을 고려하지 않은 금리	돈의 가치, 즉 물가 변동 고려 여부
실질금리	명목금리에서 물가상승률을 뺀 금리	
총수익률	만기까지 받는 총수익의 투자원금에 대한 비율	—
연평균 수익률	만기가 1년 이상인 상품에 있어서 만기까지의 총수익률을 계약 연수로 나누어 산출한 수익률	
표면금리	예금증서, 채권 등의 표면에 기재된 이자율을 말하며, 단순히 연간 이자 수입만을 나타내는 금리	—
실효수익률 (연수익률)	원금, 이자 및 그 이자의 재투자수익 등을 모두 더한 총수익금액의 원금에 대한 1년 단위 증가율	실효수익률에서 세금까지를 고려한 세후 실효수익률이 금융상품 선택 기준이 됨

현재가치와 미래가치

이자율에 대한 이해를 넓히고 이를 일상생활에서 응용할 수 있도록 현재가치와 미래가치에 대해서도 좀 더 살펴보자.

누군가가 10만 원을 주려고 하면서 오늘 받을 것인지, 10년 후에 받을 것인지 여러분에게 묻는다면 여러분은 언제 받는 것으로 하겠는가? 당연히 오늘 10만 원을 받는 것으로 선택할 것이다. 왜냐하면 10만 원을 받아 은행에 예금하면 10년 후에는 원금 10만 원에 이자가 붙어나 10만 원 이상이 될 테니까 말이다. 이처럼 동일한 금액이라면 현재 금액의 가치가 미래에 비해 더 높다.

그런데 만약 오늘 10만 원을 주거나 또는 10년 후에 20만 원을 주는 것을 제시한다면 여러분은 어떤 쪽을 선택하겠는가? 고민이 될 수밖에 없다.

그래서 현재의 10만 원과 미래의 20만 원을 비교하는 방법이 필요하게 된다. 이를 위해 사람들은 현재가치와 미래가치 개념을 이용한다. 즉 현재의 이자율을 적용하여 현재 금액의 미래가치를 계산하거나 미래에 그 금액을 얻기 위해 지금 얼마가 필요한지 미래금액의 현재가치를 계산하여 견주어 보는 것이다.

예를 들어 만일 오늘 은행에 10만 원을 예금하면 10년 후에는 얼마가 될까? 즉 '현재 10만 원의 10년 후 미래가치는 얼마일까?'에 대한 질문이다.

만일 이자율이 5%이고 이자는 복리 방식으로 매년 지급된다고 하면, 대략 16만 3,000원[10만 원 × $(1+0.05)^{10}$][10]이 된다.

반대로 10년 후 20만 원을 받는다면 이 금액의 현재가치는 얼마일까? 다시 말해 10년 후에 20만 원을 받기 위해 현재 얼마를 예금하여야 하는지에 대한 질문이다.

앞에서 미래가치를 구하기 위해 현재 금액 10만 원에 $(1+0.05)^{10}$을 곱하였다. 그리고 이번엔 반대로 미래 금액의 현재가치를 구하기 위해서 미래 금액 20만 원을 $(1+0.05)^{10}$으로 나누면 된다. 계산하면 약 12만 3,000원이다[20만 원 ÷ $(1+0.05)^{10}$].

이렇게 해 보면 우리는 오늘 받는 10만 원과 10년 후에 받을 20만 원 중 어떤 쪽을 선택해야 할지 해답을 구할 수 있다. 이자율이 5%일 때 10년 후에 받을 20만 원의 현재가치는 12만 3,000원으로 10만 원보다 많다. 따라서 10년을 기다려서 20만 원을 받는 것이 당장 10만 원을 받는 것보다 유리한 것이다.

그런데 이 경우는 이자율이 5%일 거라고 가정하고 계산한 것이지만, 만일 이자율이 8%라고 하면 10년 후에 받게 될 20만 원의 현재가치는 약 9만 3,000원이므로 당장 10만 원을 받는 것이 유리하다. 이는 이자율이 높으면 높을수록 같은 금액을 예금할 경우 원리금이 더 많아지기 때문이다. 즉 당장 손에 쥔 10만 원의 이득이 더 크다는 이야기이다.

금리 변동, 우리 삶에 어떤 영향을 미치나

"경제적 빈곤은 문제가 아니다. 생각의 빈곤이 문제다."

- 켄 하쿠다(일본 기업인)

　금리의 움직임은 소비, 투자, 물가는 물론이고, 국가 간의 자금 흐름 등 여러 분야에 영향을 미친다. 가계의 소비는 기본적으로 소득 수준에 영향을 받지만 금리의 영향도 받는다. 대체적으로 금리가 오르면 은행 등 금융기관에 같은 금액의 돈을 맡기더라도 더 많은 이자를 받을 수 있기 때문에 저축을 늘리고 소비를 줄이게 되지만, 반대로 금리가 떨어지면 소비를 늘리게 된다.

　또한 금리는 자금을 조달하는 데 드는 비용이기도 하다. 그래서 금리가 오르면 기업의 투자에 따른 비용 부담이 늘어나게 되어 투자가 줄어들고, 반대로 금리가 낮아지면 투자는 늘어나게 된다.

　금리 변동은 물가에도 영향을 미치는데, 금리가 오르면 기업의 투자 활동이 위축되고 개인도 소비보다는 저축을 많이 하는 등, 전체적으로 상품을 사는 수요가 줄어들어 물가를 하락시키게 된다. 그러나 이자가 상품의 생산원가에 포함되기 때문에 금리가 오르는 경우, 제품 가격을 올리는 요인이 될 수도 있다.

 이와 같이 금리가 물가에 미치는 영향은 서로 상반된 두 가지 요인 중 어느 쪽 영향이 더 큰지에 따라 달라진다. 대체로 원가 상승 효과보다 수요 감소 효과가 더 크다고 보기 때문에 물가가 떨어진다는 쪽이 일반적인 견해이다.

금리의 결정

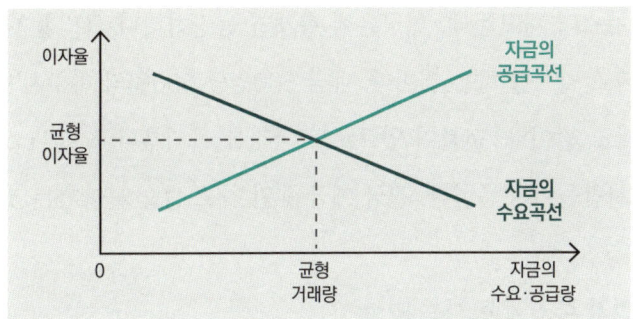

이자율과 경기 변동과의 상호 관계

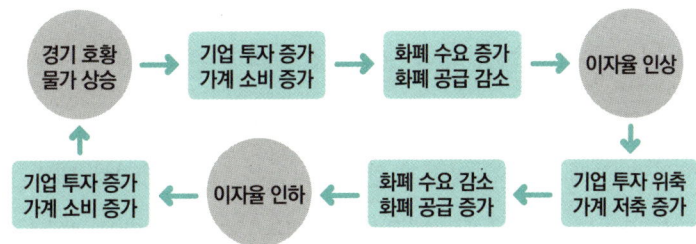

그래서 물가가 오르면 중앙은행이 금리를 올리는 방법으로 물가 상승을 억제하는 것이다.

물가와 금리의 상관관계를 이해하기 쉽도록 황당한 가정을 한번 해보자. 평소 500원 하던 라면 값이 갑자기 하루아침에 1,000원이 되었다. 사람들이 놀라며 뉴스를 틀었더니, 북한 소식이 들리면서 전쟁이 임박했다는 것이다. 그러면 이제 라면 값이 오르면서 생필품 값도 덩달아 껑충 뛰기 시작할 것이다.

사람들은 곧장 은행으로 달려간다. 은행에 있는 예금이 의미가 없기 때문이다. 물가는 뛰는 데 돈값은 그대로니, 차라리 돈을 찾아서 생필품을 사 두는 게 나은 것이다. 그런데 은행창구에 걸려 있던 TV에서 뉴스가 나오는데, 한국은행 총재가 등장하더니 금리를 대폭 올리겠다고 발표를 하는 것이다. 예금 500원당 500원의 하루치 이자를 주겠다고 말이다. 덧붙여 앞으로도 금리를 올리겠다고 한다. 그러니 이제 사람들이 주춤한다. 결국 예금을 안 찾고 슬슬 돌아가는 것이다.

금리가 주가에 미치는 영향

그렇다면 금리가 주가에 미치는 영향은 어떨까?

보통 금리가 내리면 주가는 오르고, 금리가 오르면 주가는 내린다고 생각한다. 왜냐하면 금리가 떨어질 경우, 여윳돈을 은행에 넣어 봤자 받는 이자액이 적을 테니 고수익을 노리고 주식시장으로 몰리기 쉽기 때문이다.

하지만 경제 현상이 이렇게 간단하지만은 않다. 금리가 내린다고 반드시 주가가 오르리라는 법은 없다. 이는 주가에 수많은 변수가 작용하기 때문인데, 특히 투자자들의 심리가 가장 중요한 변수라고 볼 수 있다. 금리 인하로 주가가 오를 것이라고 생각하는 사람들이 많아지면 주가는 오를 테고, 금리 인하가 되더라도 주식시장에 별다른 영향을 미치지 못할 거라며 실망하는 사람이 많아지면 오히려 주가는 내려갈 것이다.

이와 관련한 대표적인 사례가 이웃나라 일본에서 있었다. 1990년대 초를 기점으로 사상 유례없는 불황이 지속되자 일본 정부는 지속적으로 금리 인하 정책을 폈다. 결국 내리다 내리다 못해 제로금리 선언까지 했는데, 금리를 낮춤으로써 기업들이 돈을 쉽게 빌려 생산과 투자 활동에 사용하게끔 도모하고, 개인들 역시 은행에 돈을 넣기보다는 소비를 하도록 유도해 경기를 활성화시키겠다는 심산이었다. 하지만 정반대의 상황이 나타났는데, 보수적이고 저축하는 습관이 강한 일본 사람들은 주식 투자보다 노후를 대비해 저축하는 길을 택한 것이다. 결국 일본 기업의 평균 주가는 시간이 지날수록 하락해 갔다.

일본의 사례를 통해 같은 금리 정책을 쓰더라도 그것을 받아들이는 경제 주체들의 성향이나 심리 상태에 따라 의도하지 않은 결과가 나올 수도 있음을 알 수 있다.

금리가 부동산에 미치는 영향

또 금리가 부동산에 미치는 영향은 어떨까?

일반적으로 금리가 오르면 부동산 가격은 떨어지고, 금리가 내리면 부동산 가격은 오른다고 말한다. 우리나라는 통상 내 집 마련을 할 때 자기 돈으로 100% 하지 않고 대부분의 사람들이 일부라도 은행에서 대출을 받아 집을 산다. 그래서 결국 부동산은 대출과 관련이 많을 수밖에 없다.

이처럼 대출을 받게 되면 대출 금리라는 사용료를 따지지 않을 수 없는데, 사용료가 비싸지면 대출을 받아 부동산을 사는 사람들이 줄어들 가능성이 높고, 반대로 사용료가 낮아지면 대출을 받아 부동산을 사는 사람들이 늘어날 가능성이 높다. 1997년 말 외환위기를 거치면서 부동산 가격이 폭락했지만, 2000년대 초부터 저금리 시대가 지속되면서 다시금 부동산 가격이 폭등한 사실이 하나의 예가 될 수 있다.

하지만 부동산 가격과 금리가 항상 반대 방향으로만 움직이는 것은 아니다. 그것보다는 부담해야 할 금리, 즉 부동산 담보대출 금리와 이를 통해 얻을 수 있는 부동산 기대수익률 중 어느 쪽이 더 높은지에 따라 실제 부동산 가격의 향방이 결정된다고 할 수 있다. 예를 들어 1980년대 중·후반부터 1990년대까지는 10%가 넘는 고금리였는데도 불구하고 높은 집값 상승을 경험했다. 이는 대출받아 부동산을 구매하면 몇 년 후 더 높은 수익을 거둘 수 있을 거라는 기대 심리가 팽배했기 때문이다. 이 때문에 사람들은 기꺼이 높은 금리로 은행에서 돈을 빌려 부동산에 투자했던 것이고, 실제로 부동산 가격도 많이 올랐다.

사실 우리나라 부동산은 수요와 공급의 법칙 외에 정부 정책에 따라 영향을 많이 받는 자산이라고 볼 수 있다. 한 언론사가 1967년부터 2010년까지 발표한 부동산 관련 정부 대책을 분석해 보니 43년간 총 74개였다고 한다. 이렇게 부동산 대책을 통해 부동산 시장을 조이고 풀며 70여 차례 반복하는 동안 부동산 가격도 대책에 따라 상승과 하락을 반복해 왔다. 따라서 부동산 가격의 향방을 예측하려면 금리와 수급 상황, 그리고 정책 동향을 잘 살펴야 한다. 그중에서 금리의 경우, 단순히 저금리인가 고금리인가가 아니라 시장의 부동산 기대수익률과 비교하여 낮은지 높은지를 유심히 살펴야 하는 것이다.

금리는 자본 이동에도 영향을 미친다

마지막으로 금리의 변동은 나라와 나라 간 돈의 움직임, 즉 자본 이동에도 영향을 미치게 된다. 환율 등 다른 여건이 같은 경우에 우리나라 금리가 올라 외국 금리보다 높아지면 외국인은 자국에서보다 우리나라에서 돈을 운용하는 것이 더 많은 이익을 얻을 수 있기 때문에 국내로 자금이 유입된다. 반대로 외국의 금리보다 우리나라 금리가 낮아지면 돈이 보다 높은 이익을 찾아 국외로 빠져나가게 되는 것이다.

금리는 금리의 변동을 가져오는 요인과 영향을 서로 주고받으면서 이처럼 투자, 소비, 물가 등 실물부문으로 파급된다. 금리가 국민경제에 미치는 영향이 폭 넓고 다양하기 때문에 한국은행을 비롯한 세계 각국의 중앙은행들은 금리가 적정한 수준을 유지할 수 있도록 주의와 노력을 기울인다. 즉 금리를 수단으로 하여 과열된 경기를 진정시키거나 침체된 경기를 부양시키는 것이다.

또한 금리 변동이 너무 심하면 불확실성을 키워 기업의 투자 등 경제주체들의 각종 경제 활동에 대한 의사결정을 어렵게 하므로 급격하게 변동되지 않도록 관리하게 된다.

이자율 변동이 물가와 환율에 미치는 영향

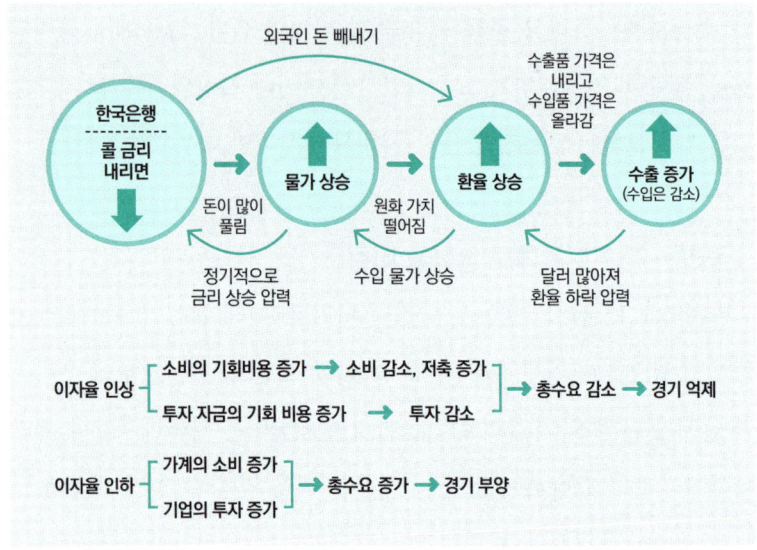

이렇게 금리는 경제 전 분야에 아주 중요하게 영향을 미친다.

간단히 정리하면, 경기가 좋으면 금리가 오르고, 경기가 좋다는 건 장사가 잘된다는 것이므로 사람들은 은행 돈을 빌려서 투자를 한다. 그럼 돈 필요한 사람들이 많아지니까 수요가 증가한다. 그렇게 되면 금리는 오르는 것이다.

그런데 금리가 오르다가 보면 언젠가 사람들이 돈값이 비싸다는 생각을 한다. 그래서 이때는 반대로 비싼 돈값이 아까워서 사람들도, 기업들도 투자를 줄이게 된다. 그런데 저축하는 사람들은 금리가 높으니까 소비를 줄여서라도 저축을 늘리려 할 것이다. 돈을 필요로 하는 수요는 주는데, 저축하는 사람들의 예금이 늘면서 공급이 느니까, 결국 금리는 떨어지게 된다. 그럼 금리가 낮아서 금융비용이 싸지므로 대출도 늘고, 투자도 는다. 또 사람들도 "은행 이자 몇 푼 안 된다. 차라리 쓰자" 하면서 소비가 늘게 된다. 돈에 대한 수요는 늘고, 저축은 줄고, 소비는 늘고 하니까 결국 다시 금리가 오른다. 그래서 경기가 살아나면 물가도 오르게 된다. 이런 식으로 경제가 계속해서 도는 것이다.

그런데 이건 교과서에 나오는 얘기이고, 현실에서는 그렇게 간단하지가 않다. 그래서 끊임없이 정부도, 기업도, 가계도 경제 상황을 예의 주시하면서 적절하게 대응하려고 노력할 수밖에 없다.

환율, 어디서 어떻게 결정되는 것일까

"교환 메커니즘이 갖는 최고의 그리고 더없이 귀중한 장점은
수많은 사람들로 하여금 그들의 목적이나 목적 달성 방법에 대해 다투거나
합의하거나 할 필요도 없이 서로에게 이익이 되는 한, 그들의
목적을 달성하기 위한 수단을 사용하는 데 협력하게 만드는 것이다."

– 프랭크 나이트(미국의 경제학자)

지금은 한 나라가 문을 닫고 자급자족하며 살 수 없는 개방화 시대이다. 그러나 우리나라가 외국으로부터 원유나 공산품을 수입할 때 우리나라 돈으로 직접 결제하기가 어렵다. 아직 원화의 국제화가 안 되었기 때문이다. 그래서 아직까지 우리나라 원화는 외국에서 잘 받아들여지지 않고 있다.

우리가 외국으로부터 어떤 재화나 서비스를 수입하고 그 대가를 지불하려면 상대국의 수출업자가 받아들일 수 있는 돈으로 환전하여야 한다. 현재 세계적으로 자유롭게 결제용으로 사용되는 국제통화는 달러, 유로, 파운드, 엔화 정도이다. 참고로 현재 우리나라 은행에서 환전할 수 있는 통화는 약 40개 내외이다.

해외여행을 가게 되면 우리나라 원화를 그 나라에서 쓸 수가 없다. 그래서 여행 가는 나라의 돈으로 바꿔야 되는데, 이때 우리나라의 돈과 다른 나라 돈 사이의 교환 비율을 환율이라고 한다. 똑같은 품질의 물건 값이 세계 어디서나 같다는 가정하에 아주 단순한 예를 들어 보자.

만약 햄버거 1개의 가격이 미국에서는 2달러이고 우리나라에서는 2,000원이라고 한다면, 이 경우 우리나라 돈과 달러화 사이의 환율은 달러당 1,000원이 된다. 물론 여러 가지 이유로 실제로는 이렇게 정확하게 맞아 떨어지지 않지만, 여기서 환율을 1달러당 1,000원으로 표시(1000원/달러)한 것은 국제 금융거래에 있어 기축통화인 미국 달러화를 기준으로 나타낸 것이다. 이를 외국통화 1단위와 교환할 수 있는 자국 통화의 단위 수를 표시하였다는 점에서 '자국 통화 표시법'이라고 한다.

반대로 환율은 1원당 0.001달러로 표시(0.001달러/원)할 수도 있는데, 이것을 '외국 통화 표시법'이라고 한다.

우리나라 환율은 자국 통화 표시법을 사용한다. 그래서 달러당 원화 금액이 커지면 원화 환율이 상승했다고 하거나 원화 가치가 하락했다고 한다. 즉 자국 통화 표시법에 의한 환율은 그 나라 돈의 대외 가치와 반비례한다. 예를 들어 환율이 달러당 1,100원에서 1,150원으로 변동한 경우 원화 환율은 상승하고 반대로 원화의 가치는 달러화에 대하여 하락한 셈이다.

자국 통화 표시 환율과 외국 통화 표시 환율의 차이

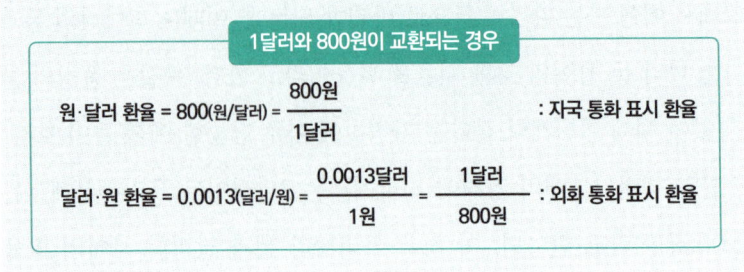

원·달러 환율의 상승과 하락

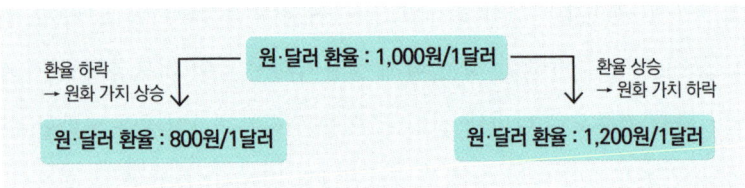

환율의 강세와 약세의 의미

그런데 이 환율에 대해 헷갈려 하는 사람들이 대단히 많다. 특히 '강세다, 약세다. 올랐다, 내렸다' 하는 의미에 대해 어려워한다.

"환율이 강세다, 약세다"라는 말은 말 그대로 '돈의 힘이 세졌다, 약해졌다'라는 걸 뜻한다. 예를 들어 '달러가 강세다'라고 하면 달러의 힘이 세졌다는 것, 즉 구매력이 세졌다는 것이다. 그래서 달러랑 우리 돈, 즉 원화를 바꾸려면 더 많은 원화를 줘야 한다.

쉽게 말해, 원/달러 환율이 1,000원에서 2,000원이 되었다고 하면 달러가 강세인 것이다. 예전에는 1달러를 바꾸려면 1,000원만 줘도 됐지만, 이제는 2,000원을 줘야 된다는 것이다. 이 말은 곧 '환율이 올랐다'라는 말과 같은 것이다. 돌려 말하면 원화가 약해진 것이다. 그럼 '원화가 약세다'라고 할 수 있는 것이다. 원화의 구매력이 떨어진 거니까 원화 가치가 하락했다고 말할 수 있는 것이다.

반대로 만약 원/달러 환율이 이번에는 1,000원에서 500원이 되었다고 하면 달러가 약세인 것이고, 또 돌려 말해 '환율이 내렸다'라는 말과 같은 것이다. 환율이 떨어졌으니까 원화는 강해져 '원화가 강세다'라고 말하는 것이고, 이는 '원화 가치가 상승했다'라는 이야기와 같은 것이다.

환율은 어디서 어떻게 결정되는 것일까

그러면 이러한 환율은 어디서 어떻게 결정되는 것일까?

TV나 자동차 같은 상품의 가격이 시장에서 정해지듯이, 돈의 대외 가치인 환율은 외환이 거래되는 시장에서 외환의 수요와 공급에 의해 결정된다.

환율의 결정

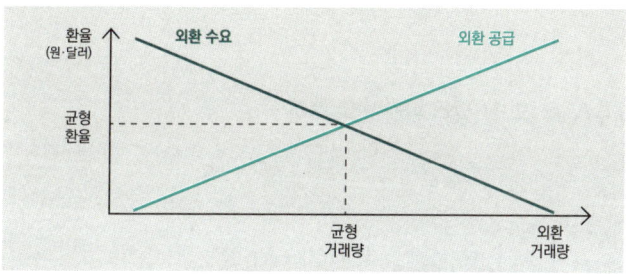

외환시장에는 주로 은행과 같은 금융기관들이 참가한다. 금융기관은 국내 기업이 외국 기업으로부터 물건을 사고자 할 때, 국내 소비자가 국외여행이나 자녀의 유학자금을 송금하고자 할 때 또는 국내 투자가들이 외국주식이나 외국채권을 사고자 할 때 외환시장에서 달러

를 산다. 또 반대로 금융기관은 우리나라 기업이 수출대금으로 받은 달러나 외국 투자자들이 우리나라 주식이나 채권에 투자하기 위해 바꿔 간 달러를 외환시장에서 팔기도 한다.

이와 같이 달러를 사고자 하는 금융기관의 외환 수요와 달러를 팔고자 하는 금융기관의 외환 공급이 균형을 이루는 수준에서 그때그때의 시장 환율이 결정되는 것이다. 물론 금융기관은 고객을 대신해서 거래할 뿐만 아니라 주식을 사고팔 듯 외환 자체의 매매차익을 목적으로 거래할 수도 있다.

환율 제도는 크게 고정환율제와 변동환율제로 나누어지는데, 나라마다 그 결정 방식이 다르다.

고정환율제는 정부 또는 중앙은행이 외환시장에 개입하여 환율을 일정한 수준으로 유지시키는 제도이고, 변동환율제는 외환시장에서의 수요와 공급에 따라 결정된다. 우리나라는 고정환율제로 출발하였다가 1997년 외환위기 이후 변동 폭에 제한이 없는 변동환율제로 변경하였다.

위기 시 우리나라의 원·달러 환율 변동 추이

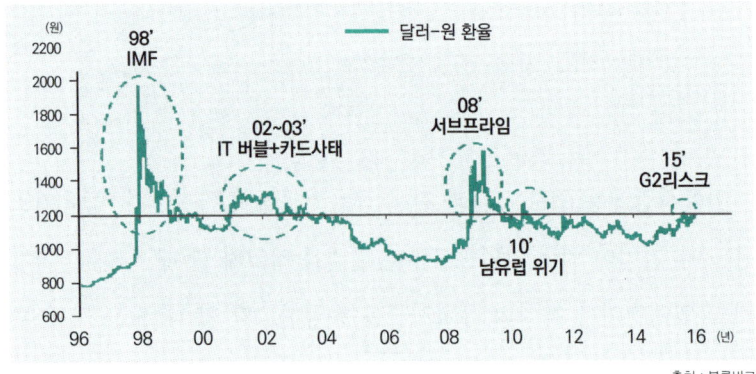

출처 : 블룸버그

살펴본 것처럼 환율은 상품시장에서의 균형가격 결정 원리와 동일한 방식으로 오르내린다. 즉 환율은 외환시장에서 외환의 수요와 공급에 따라 결정되는 것인데, 해당 화폐에 대한 수요가 커지면 그 화폐의 가격이 오르고 그 수요가 작아지면 가격은 떨어진다는 이야기이다. 물론 공급 면에서는 그 반대이다. 따라서 화폐의 수요와 공급에 영향을 주는 요인들이 바로 환율 변동의 요인이라고 할 수 있다.

외환시장에서 외환의 수요와 공급에 영향을 주는 요인은 다양한데, 그중에서 각국의 경제활동 수준, 즉 경기의 좋고 나쁨이 외환 수요에 영향을 준다. 국내 경기가 좋아지면 수입이 증가되고 따라서 수입결제에 필요한 외환 수요가 증가하는 반면, 외국의 경기가 좋아지면 수출이 증가하므로 외환의 공급이 증가하게 되는 것이다.

수출과 수입의 차이를 나타내는 경상수지가 흑자이면 자국통화는 강세가 되어 환율이 하락하고, 적자이면 그 반대로 상승한다. 가령 우리나라의 경상수지가 흑자라면 벌어들인 달러가 사용한 달러보다 많게 되어 외환시장에 달러의 공급을 늘리게 되기 때문에 달러 가치는 떨어지고 원화 가치는 올라가는 것이다.

자본 자유화가 본격화되기 이전에는 수출입 등 실물거래와 관련된 달러의 수요와 공급이 외환시장 거래의 대부분이어서 환율에 있어 경상수지가 가장 중요한 요소였다.

하지만 최근에는 자본 거래가 더 큰 비중을 차지함에 따라 각국의 주식이나 국공채 등을 사고팔기 위한 외화의 수요와 공급이 많아져서 자본 이동이 경상수지 변동보다 더 큰 영향을 미치고 있다. 따라서 균형 환율을 이야기할 때는 경상수지뿐만 아니라 자본계정을 포함한 종합적인 입장에서 생각해야 되는 것이다.

환율의 결정 요인

환율 상승의 결정 요인 및 원인	환율 하락의 결정 요인 및 원인
국제 수지 적자 ⇒ 외환의 과다 지출	국제 수지 흑자 ⇒ 외환 유입
물가 상승 ⇒ 구매력 하락	물가 하락 ⇒ 구매력 상승
국민 소득 하락 ⇒ 구매력 하락	국민 소득 상승 ⇒ 구매력 상승
금리 하락 ⇒ 외환 유출	금리 상승 ⇒ 외환 유입

이러한 자본 이동을 설명하는 중요한 요인 가운데 하나는 국내외의 실질금리 차, 즉 명목금리에서 기대물가상승률을 차감한 금리이다.

자본이 아무런 규제 없이 자유롭게 움직일 수 있다면 당연히 금리가 낮은 나라에서 높은 나라로 흐르게 된다. 따라서 일반적으로는 국내의 실질금리가 외국의 실질금리보다 더 높으면 국제자본이 들어오고, 이로 인해 국내 통화의 가치가 올라가며 환율은 내려가게 되는 것이다. 그러나 우리나라는 아직 채권시장 규모가 작아서 실질금리 차가 환율에 미치는 영향이 작은 편이다.

보통 금리가 올라가면 외국 자본이 들어오고, 그러면서 통화가치가 올라간다고 본다. 그런데 실제에서는 꼭 그렇진 않다. 금리가 올라 버리면 기업들이 이자 내기가 어려워질 것이고, 그럼 생산비용이 느는 것이라 기업들의 수익성이 떨어진다. 결국 주가도 떨어질 것이고. 그럼 외국인들은 우리나라 주식을 팔 것이다. 주식을 판단 얘기는 결국 원화를 팔고 달러를 산단 얘기니까, 원화는 약세가 된다.

그래서 환율을 예측한다는 건 정말 어렵다. 외환시장의 수요와 공급, 경제성장률, 물가상승률, 경상수지, 실질금리 차뿐만 아니라, 정치적, 지정학적, 심리적 위험까지 생각해야 되는 것이라 전문가도 단기적인 환율 움직임을 예측하는 건 거의 불가능에 가깝다고 봐야 한다.

우리는 환율이라는 메커니즘을 통해 누구나 쉽고 빠르게 무역도 하고, 유학도 가고, 투자도 한다. 하지만 그러다 보니 시장에 참가하는 사람들이 많을 수밖에 없다.

참가자가 많다는 것은 환율 변동에 다양한 요인이 존재한다는 이야기이고, 그러다 보니 당연히 환율 예측은 어려울 수밖에 없다.

원·달러 환율 변동 추이

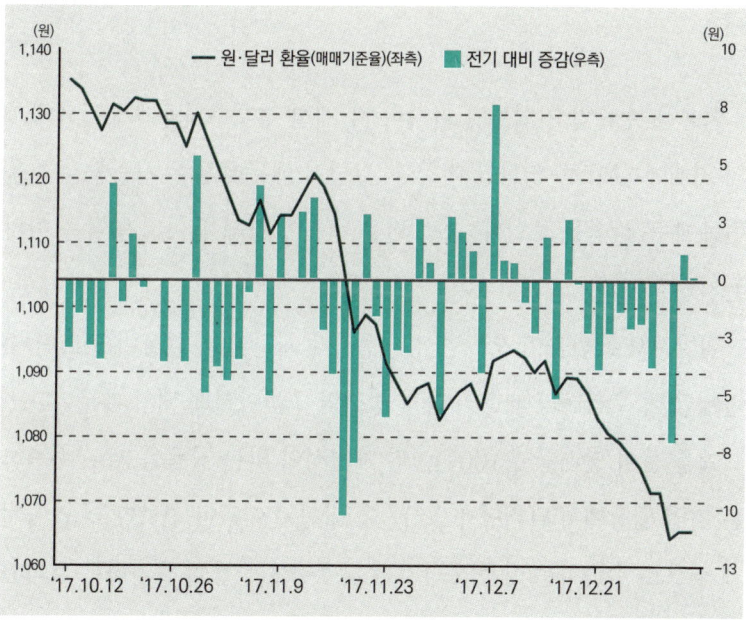

출처 : 한국은행

환율 변동의 영향, 모르면 곤란하다

"돈은 결코 아이디어를 부르지 않는다.
돈을 부르는 것은 바로 아이디어다."

- 미국 속담

환율은 수출입 기업뿐만 아니라 각 개별 경제주체들에게도 외국과의 거래에 있어 큰 영향을 미친다. 그렇기 때문에 많은 사람들은 환율 변동에 큰 관심을 보인다. 그럼 환율 변동이 경제에 어떤 영향을 미치는지 알아보자.

일반적으로 환율이 오르면 경상수지가 개선된다. 환율이 오르면 수출에 있어 우리나라 제품의 가격 경쟁력이 높아지게 되기 때문이다.

예를 들어 달러당 1,100원이면 채산성이 맞는 상품을 제조 수출하는 기업 입장에서 달러당 1,200원이 되면 순이익이 전보다 더 많아지게 되므로 수출하는 상품의 단가를 낮추어도 물량이 증가하는 효과가 더 크기 때문에 수출액이 증가하게 된다. 거기에 반해 수입액은 감소하게 되는데, 달러로 된 수입단가가 같다고 하더라도 환율이 오르면 원화로 환산한 수입품 가격이 오르게 되어 국내 수요자 입장에서는 수입품을 덜 사용하게 되기 때문이다. 결국 수출에서 수입을 뺀 경상 수지는 개선된다고 볼 수 있다.

또한 환율이 오르면 원화로 환산한 수입 원자재 및 부품의 값도 올라 국내 물가가 높아지게 되고 반대로 환율이 하락하면 국내 물가도 내려가게 된다. 특히 우리나라처럼 수입 의존도가 높은 나라에서는 환율 변동이 국내 물가에 미치는 영향이 큰 편이다. 또한 환율이 상승하면 외채상환 부담도 증가하게 된다. 따라서 환율 상승으로 이익을 본다는 얘기는 수출하는 회사를 뜻한다.

예를 들어 원/달러 환율이 1,000원일 때, 어떤 수출업체 A가 상품을 수출하고 수출대금으로 100만 달러를 6개월 후에 받기로 했다고 해 보자. 6개월이 지나고 100만 달러를 받아서 원화로 바꾸려 했더니, 환율이 그새 1,200원으로 올랐다. 그럼 받을 돈이 10억 원에서 12억 원으로 늘어난 것이다. 환율이 오른 덕분에 A회사는 가만히 앉아서 2억 원의 이득을 본 셈이다.

이런 환율 변동으로 얻는 이득을 '환차익'이라고 하는데, 대개의 경우 환율이 상승하면 수출업체는 이익을 볼 가능성이 높아진다.

또 환율이 상승하면 같은 비용을 들이더라도 수출 이익이 커지게 되기 때문에 수출업체는 판매 가격을 낮추는 전략도 쓸 수 있다. 이를 테면 전에는 1달러에 수출하던 상품을 90센트 정도로 싸게 팔 수 있는 것이다. 똑같은 품질에 판매가만 낮아져도 상품의 가격 경쟁력이 높아져 이미 거래하는 수입 판매업자에게는 더 유리한 조건으로 팔

수 있게 된다.

또한 다른 상품을 주로 사던 수입 판매업자를 새로운 거래 상대로 만들 수도 있다. 결과적으로 거래처를 늘리면서 시장 점유율을 높일 수 있다는 이야기이다. 시장 점유율은 한번 늘려 놓으면 쉽사리 줄어들지 않는 속성이 있어 그만큼 이후 수출에 유리하게 된다.

같은 시기에 외화 예금자도 예금 금리 외에 20%의 환차익을 얻고, 해외 주식형 펀드 투자자들 중 환위험 관리를 하지 않은 펀드에 투자한 경우에도 환차익을 얻는다.

하지만 환율의 상승으로 수입업체는 손해를 보게 된다. 예를 들어 100만 달러 계약을 맺은 옥수수 수입업체는 원/달러 환율이 1,000원에서 1,200원으로 오르면 10억 원에서 12억 원으로 부담이 증가하게 되므로 환율 때문에 2억 원을 손해 보는 것이다.

이처럼 환율 변동에 따라 본 손해를 '환차손'이라고 하는데, 환율이 상승하면 수입업체 뿐만 아니라 외화 대출을 받은 개인이나 기업 또한 갚아야 할 돈이 늘어나서 피해를 보게 된다.

그렇지만 환율 하락으로 이익을 보는 경우도 있다. 예를 들어 어떤 의류 수입업체 B가 미국에서 100만 달러 수입 계약을 맺었다고 해 보자. 원/달러 환율이 1,000원에서 800원으로 하락하면, 10억 원이 아니라 8억 원만 마련해도 100만 달러 지불을 할 수 있다 그러면 B회사는 환율 변동으로 가만히 앉아서 2억 원의 환차익을 본 것이다. 마찬가지로 외화대출을 한 기업들도 갚아야 할 돈이 적어지므로 이득을 보게 된다.

이처럼 환율이 하락하면 수입업체는 이득을 볼 수 있지만, 수출업체는 손해를 보기 쉽다. 예를 들어 100만 달러 계약을 맺은 완구 수출업체는 환율이 1,000원에서 800원으로 하락하면 8억 원밖에 손에 쥘 수 없으므로 환차손을 입게 된다. 외화예금자도 마찬가지로 가만히 앉아서 손해를 보게 된다.

이렇게 원화가 강세이면 우리 수출기업은 환차손을 입기 십상이다. 내수보다 수출이 많은 자동차와 전자 업종, 해외건설업 등이 매출과 영업이익에 직접 타격을 입게 되는 것이다.

달러 대비 원화 환율이 떨어질 때는 달러 가치가 떨어지는 것이므로 평소 금융기관이나 수출입거래를 통해 달러 자산을 많이 갖고 쓰는 기업도 손해를 보게 된다. 반면 달러 빚이 많은 내국 기업은 빚 부담이 줄어 이득을 보게 된다.

정유, 항공, 철강, 해운, 전력산업처럼 생산을 위해 거액의 외자를 빌려 설비투자를 하거나 원자재를 많이 수입하는 기업도 환차익을 본다. 가스나 음식료 업종처럼 제품 수출 비중은 낮고 원재료 수입 비중이 높은 기업도 환차익을 볼 수 있다.

경제주체 개개인의 경우도 환율의 움직임에 영향을 많이 받게 된다.

예를 들어 원화 환율이 오르면 수출업체의 채산성이 좋아지므로 수출기업과 관련된 업체의 근로자는 환율 상승의 수혜자가 될 수 있다. 반면에 수입업자는 어떨까?

일반적으로 환율이 오른 만큼 국내 공급가격에 모두 반영하기가 어렵기 때문에 수입상품을 소비하는 소비자와 함께 환율 상승의 피해자가 될 수 있다. 또한 원화 환율 상승은 국외여행을 하거나 국외거주 가족에게 송금하는 데도 이전보다 더 많은 원화가 소요되기 때문에 불리하다.

환율 변동의 효과

	환율 하락(=원화 절상)	환율 상승(= 원화 절하)
수출	수출상품 가격 상승(수출 감소)	수출상품 가격 하락(수출 증가)
수입	수입상품 가격 하락(수입 증가)	수입상품 가격 상승(수입 감소)
국내 물가	수입 원자재 가격 하락(물가 안정)	수입 원자재 가격 상승(물가 상승)
외자 도입 기업	원화 환산 외채 감소 (원금 상환 부담 경감)	원화 환산 외채 증가 (원금 상환 부담 증가)

원-엔 환율과 국제경제 주요 사건

출처 : 「동아일보」

환율 재테크 수단으로서의 외화 예금

그렇다면 환율을 통한 재테크 수단으로는 어떤 것들이 있을까?

물론 앞서 살펴본 바와 같이 환율 변동에 따라 환차익을 얻는 수출기업이나 수입업체의 주식에 직접 투자할 수 있다. 하지만 주식에 대해 잘 모르는 상태에서 직접 투자하는 것은 위험한 일이기 때문에 상대적으로 안정적인 외화예금을 살펴보자.

외환 거래 자유화 조치로 일반인들도 외화 정기예금과 정기적금을 들 수 있으며, 금액에도 제한이 없다. 통화 종류 또한 달러 표시, 엔화 표시, 유로화 표시, 파운드 표시 등 다양하게 선택할 수 있다.

물론 금리는 예금 기간과 통화에 따라 다르다. 일반적으로 달러 표시 예금은 미국의 금리 수준과 비슷하고, 엔화 표시 예금은 일본의 금리 수준과 비슷하다. 그러나 국내의 외환 수급 사정이 악화되면 해당 국가의 금리 수준보다 높아지는 경향이 있고, 외환 수급 사정이 좋아지면 해당 국가의 금리 수준보다 더 낮아질 수도 있다.

외화예금은 주식 투자와 달리 일정한 금리가 보장된다. 아울러 원화 약세, 즉 환율이 상승할 때는 정해진 예금금리 이외에 환율 상승 폭만큼 환차익을 얻을 수 있다. 예를 들어 원/달러 환율이 900원일 때 달러 외화예금에 가입했는데, 환율이 6개월 만에 1,200원까지 상승했다고 하면 환차익이 달러당 300원 발생했으므로 약 33.3%의 수익을 얻은 셈이 된다. 여기에 6개월 동안의 외화예금 금리 연 4%까지 감안하면 수익률은 6개월 동안에 35%를 넘는다. 이는 주식 투자 수익률과 비교하더라도 매우 높은 수익률에 해당된다.

하지만 외화예금도 환율이 하락할 때는 환율 하락 폭만큼의 환차손을 입게 된다. 그래서 환차손이 예금이자보다 더 클 경우에는 투자 원금에 손해가 날 수도 있다. 예를 들어 원/달러 환율이 1,600원 이상으로 오르자 환율이 계속 상승할 것으로 예상한 사람들이 외화예금을 들었는데, 그해 말 환율이 1,200원대까지 떨어지게 되면 외화예금 가입자들은 달러당 400원에 달하는 큰 폭의 손실을 보게 된다. 즉 외화예금은 환율 변동으로 큰 수익을 얻을 수도 있지만, 반면에 큰 손실을 볼 수도 있다는 것이다.

또한 외화 대출을 받는 경우, 환율이 상승 조짐을 보일 때 이를 미처 알아차리지 못하면 큰 손해를 볼 수 있다. 실제로 2007년 하반기

원/엔 환율이 800원 안팎 수준일 때 엔화 대출을 받은 기업은 1년 후 원/엔 환율이 1,500원까지 87.5% 상승하면서 부도 위기에 직면하기도 했다.

  결론적으로 말하면 외화예금은 적절한 시기와 통화를 골라 가입한다면 이자 수익에다가 환차익까지 얻을 수 있는 상품이다. 하지만 적절하지 못한 시기와 통화를 선택하면 환손실을 입을 수 있기 때문에 그냥 은행에 원화로 예금한 것만 못할 수도 있고, 심지어 투자한 원금마저 손실을 입을 수도 있다. 그러므로 외화예금에 가입할 때는 환율과 통화의 변동성에 주의하며 외환 전문가와 상담을 하는 것이 바람직하다.

충전지식 — 주요 달러 투자 상품

* 2016년 6월 기준

상품 유형	기대 수익률	투자 위험	주요 판매처	세금	예금자 보호
달러 예금	연 1% 내외	낮음	은행	환차익 비과세 이자·배당소득세 15.4%	○
달러 RP	연 1% 이하 (특판 2%)	낮음	증권사		×
달러 채권	연 1~2%	낮음	증권사		×
달러 ETF	상품별 상이	높음	증권사(HTS)		×
달러 보험	확정금리 (2.43%)	낮음	은행, 증권사 (방카슈랑스)	10년 이상 비과세	○
	펀드별 상이 (실적 배당)	높음			

출처 : 「한국경제매거진」

인플레이션, 우리에게 어떤 영향을 미치나

"인플레는 법률 제정 없이도 부과될 수 있는 세금의 한 형태다."

- 밀턴 프리드먼(미국의 경제학자)

우리는 과일, 채소 등의 가격이 너무 올라 장보기가 두렵다고 말하기도 하고 기름 값, 지하철 요금, 대학 등록금 등이 잇달아 올라 가계에 주름살이 늘었다고 하는 등 물가 상승을 우려하는 목소리를 자주 듣는다.

실제로 우리나라의 소비자물가는 1965년부터 최근까지 무려 30배 이상 오른 것으로 나타났다. 한 연구기관의 조사에 따르면 지난 30~40여 년 동안 쌀값과 시내버스 요금은 각각 60배, 100배 이상 올랐다.

이런 물가의 움직임은 가계의 소비 생활이나 기업의 생산 활동은 물론 국민경제의 전 부문에 걸쳐 광범위하고도 커다란 영향을 미친다.

우리가 필요한 재화나 서비스를 살 때 지불하는 돈의 액수를 '가격'이라고 한다. 가격은 상품이 갖고 있는 가치를 화폐로 환산한 것이라고도 말할 수 있다. 그런데 우리가 쌀이나 과일 등과 같이 수시로 구입하는 것도 있지만, 자동차나 냉장고처럼 가끔 사는 것도 있다. 또 일정 시점에서 가격이 오르는 상품이 있는가 하면, 내리는 상품도 있다.

이렇듯 상품 가격은 매우 다양하게 변한다. 따라서 개별 상품의 가격을 가지고서는 전반적인 상품 가격의 변화를 판단하기가 어렵다.

부문별 물가 변동 추이

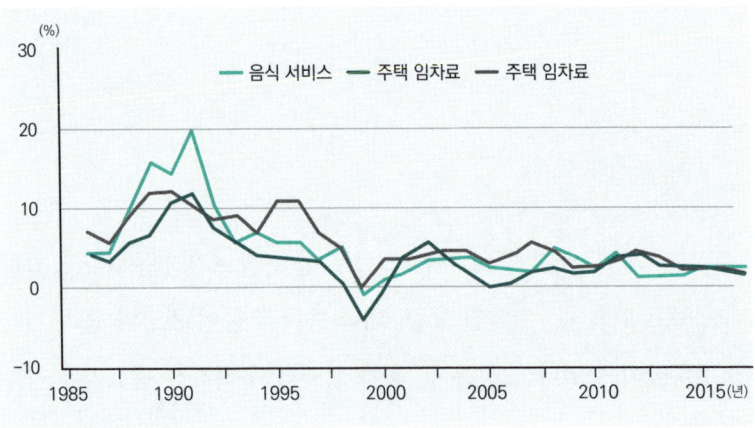

출처 : 한국은행

그렇기 때문에 우리는 여러 가지 상품의 가격들을 종합하여 한눈에 알아볼 수 있도록 평균적인 가격 수준을 구하게 되는데, 이렇게 만든 가격 수준을 '물가'라고 말한다. 또 이러한 종합적인 물가 수준을 일정한 기준에 따라 지수로 나타낸 것을 '물가지수'라고 한다.

보통 기준년도의 물가지수를 100으로 놓고 어떤 시점의 물가지수와 비교하여 보면, 물가의 변동률을 쉽게 알 수 있다. 예를 들어, 2017년 12월 기준 소비자물가지수가 110을 기록했다 하면, 2010년 소비자물가지수 100을 기준으로 계산했을 때 2017년 물가상승률은 10%가 되는 것이다. 2010년에 비해 2017년은 물가가 10% 오른 것이고, 10% 만큼 화폐 가치가 내린 것이다. 따라서 같은 돈이라면 100%에서 10%가 빠진 90%어치의 물품만 구매할 수 있다는 의미가 된다.

그런데 물가 수준이 높은 것과 물가상승률이 높다는 것은 전혀 다른 이야기이다. 물가가 아무리 높은 수준이라 하더라도, 그 위치에 계속 머물러 있다면 물가상승률은 0%니까 말이다.

이번에는 물가지수가 우리의 경제생활에서 어떻게 활용되는지 살펴보자.

먼저 물가지수는 돈의 구매력 변화를 측정할 수 있는 수단이다. 물가가 오를 경우 구입할 수 있는 상품의 양은 물가가 오르기 전보다 줄어들어 돈의 가치가 떨어지게 되지만, 반대로 물가가 하락하면 이전에 비해 돈의 구매력이 증가하게 된다. 따라서 우리는 물가지수를 이용하여 물가의 변동에 따른 돈의 실질적인 구매력의 변화를 측정할 수 있다.

물가지수는 또한 경기 판단 지표로서의 역할을 한다.

우리는 몸이 아플 때 병원에 가서 의사의 진료를 받기 전에 보통 체온을 먼저 잰다. 몸에 이상이 있으면 체온으로 나타나기 때문이다. 마찬가지로 생산, 소비, 투자 등 경제활동이 이루어진 결과는 물가로 반영되어 나타난다. 물가가 갑자기 큰 폭으로 오르거나 내린다면 국민

경제의 안정성에 이상이 있다고 판단하여 그 원인을 분석하게 된다. 따라서 물가지수는 경기지표와 함께 경제 안정을 진단하는 체온계의 기능을 한다고 할 수 있다.

물건 값의 결정과 상승

그렇다면 물건 값은 어떻게 결정되며 왜 오를까?

가격은 시장에서 사람들이 모여서 물건을 사거나 파는 과정에서 결정된다. 이때 팔고자 하는 사람에 비해 사고자 하는 사람이 많거나 사고자 하는 사람에 비해 팔고자 하는 사람이 적게 되면 가격이 오르게 된다. 물가가 지속적으로 오르는 현상을 인플레이션(inflation), 그 반대로 내려가는 경우를 디플레이션(deflation)이라고 한다. 그런데 보통 물가가 내려가는 것보다 오르는 경우가 많다 보니 우리는 대체로 인플레이션에 대해 더 많은 관심을 기울이게 된다.

인플레이션의 원인은 총수요와 총공급이라는 분석틀로 설명할 수 있다. 총수요란 주어진 물가 수준에서 가계, 기업, 정부 등이 구입하려는 상품과 서비스의 양을 나타내는 것이고, 총공급은 각 물가 수준에서 기업이 생산, 판매하려는 상품과 서비스의 양을 나타낸다.

총수요와 총공급은 개별 시장에서와 마찬가지로 양자가 일치해야 균형 가격이 결정되는데, 우상향의 총공급 곡선과 우하향의 총수요 곡선이 만나는 점에서 경제 전체의 물가 수준이 결정된다. 즉 총수요가 계속 늘어나거나 총공급이 줄어들면 인플레이션이 발생하게 되는 것이다. 상품의 가격과 거래량이 수요와 공급에 의해 결정되는 것처럼 나라 경제 전체의 물가도 마찬가지인 것이다.

물가의 결정

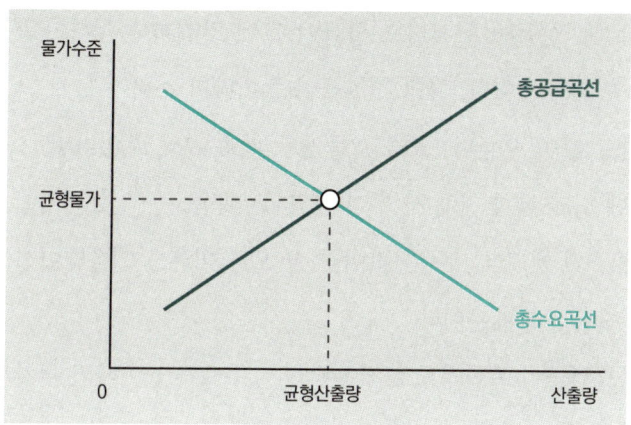

한편 총공급의 감소를 가져와 물가 상승을 유발하는 원인도 있다. 대표적인 것으로 생산원가 상승을 들 수 있다.

생산원가는 주로 원자재 가격이나 환율, 임금, 세금, 이자, 부동산 임차료 등에 의해 좌우되는데, 특히 자원이 부족한 우리나라는 원자재의 상당 부분을 외국으로부터 수입해야 하기 때문에 원자재 수입 가격과 환율의 상승이 국내 물가에 매우 큰 영향을 미칠 수밖에 없다. 지난 1973년과 1979년 두 차례의 석유파동 직후 국내 물가가 크게 올랐던 것은 원자재 가격 상승의 영향을 보여 주는 좋은 사례이다.

총수요와 총공급의 변동 이외에 물가 상승을 가져오는 원인으로 복잡한 유통 구조나 독과점 등과 같은 시장 구조적 요인도 있다.

그렇지만 물가는 오르기만 하는 것이 아니다. 우리나라가 그동안 눈부신 발전을 하는 바람에 그렇지. 물가는 떨어지기도 한다.

물가가 그동안 계속해서 오른 원인을 꼽자면 크게 돈의 양과 소득,

인플레이션 기대심리 때문이다. 나라가 발전하면서 점점 돈의 양이 늘어나는데, 상품이나 서비스 공급이 그에 맞춰서 늘어나지 못하면 물가가 오르는 것이다. 그리고 월급이 늘어나면 소비가 늘게 되고 그럼 물가도 같이 오른다. 그리고 물가가 계속 오르고 있다면, 사람들 마음속에 더 오르기 전에 사 두어야겠다는 마음, 즉 '인플레이션 기대심리'라는 게 생긴다. 부동산값이 계속 오른 이유도 인플레이션 기대심리가 작용했기 때문이다.

이런 요인들이 복합적으로 작용하면서 수요가 늘어나면 물가가 오르는 것이다.

인플레이션이 경제에 미치는 영향

그렇다면 인플레이션은 우리 경제에 어떤 영향을 미칠까?

현실적으로 인플레이션을 정확히 예측하는 것이 불가능하기 때문에 인플레이션은 사회적 비용을 발생시킨다.

먼저 물가가 오르게 되면 봉급이나 연금 생활자와 같이 일정액을 가지고 생활하는 가계는 급여나 연금이 뒤따라 오를 때까지 소득이 실제로 줄어드는 것과 같은 현상이 발생한다. 물가가 올라 돈의 가치가 떨어지게 되면 봉급생활자들은 같은 금액으로 살 수 있는 상품의 양이 전보다 적어지게 되고, 씀씀이를 줄이지 않고는 이전만큼 저축을 하기가 어려워지기 때문이다. 또한 그동안 힘들게 모은 저축의 실제가치도 떨어지게 될 것이다.

또 정부는 치안이나 국방, 행정, 사회복지 등의 국가사업을 위해 필요한 자금을 주로 세금을 부과하거나 국채를 발행해서 조달한다. 그리고 이렇게 필요한 자금을 화폐 공급을 늘려서도 충당할 수가 있다. 이렇게 화폐 공급을 통해 시중에 풀린 돈을 '인플레이션 조세'라고 하는데, 이는 정부가 돈의 양을 늘리면 물가가 상승하고 우리의 지갑 속에 있는 화폐 가치는 떨어지기 때문이다. 이것은 특정 부문에서 거두는 일반 세금과 달리 불특정한 모든 사람들에게 세금을 부과하는 효과를 가져온다고 해서 붙여진 말이다.

또한 인플레이션은 부의 분배를 왜곡시킨다. 물가가 계속 오르다 보면 사람들은 앞으로도 이러한 현상이 계속될 것으로 예상한다. 그러다 보면 자연스럽게 가격이 오를 것으로 기대되는 부동산이나 귀금속 등과 같은 실물자산을 사려고 한다. 이렇게 되면 이들 자산의 가격이 상승하여 부동산 등 실물자산을 소유한 돈 많은 사람들의 재산은 더 불어날 것이다. 반면에 집 없는 서민이나 봉급생활자는 상대적으로 더 가난하게 되어 실물자산 보유자와 근로소득자 간의 빈부 차가 커지는 악순환을 낳게 된다. 또한 물가가 오르면 예금, 채권 등 금융자산의 가치가 하락할 것이다. 그만큼 금융자산 보유자는 손해를 보는 반면 채무자는 갚아야 할 부담이 줄어들기 때문에 이익을 보게 된다.

참고로 인플레이션이 심하면 초인플레이션, 하이퍼인플레이션(hyper inflation)이라고 하는데, 초인플레이션 사례로 제일 유명한 나라가 독일이다. 1차 세계대전에서 패한 독일은 승전국에게 배상액을 지불해야 했는데, 배상액이 너무 많으니까 돈을 마구 찍어서 갚기로 하고 돈을 엄청나게 찍어 댔다가 결국 돈값은 휴지값이 돼 버렸다.

그래서 세계 각국 정부는 인플레이션이 경제의 건전하고 지속적인 성장에 도움이 될 수 있도록 물가 안정을 위해 노력하고 있는 것이다.

경기 침체와 물가 하락이 동시에 일어난다면

"불황의 유일한 원인은 호황이다."

- 클레망 쥐글라(프랑스의 의사 겸 경제학자)

디플레이션은 인플레이션과 달리 물가가 지속적으로 하락하는 현상을 말한다. 얼핏 물가가 떨어지면 소비자에게 좋을 것 같지만 디플레이션 때의 물가 하락은 그렇지만은 않다. 수요와 소비가 공급을 크게 밑돈다는 것은 국민경제 차원에서 공급력에 비해 구매력이 떨어진다는 뜻인데, 이런 상태가 지속되면 중장기적으로 생산과 투자 규모가 떨어져 국민경제의 성장 능력이 약해지기 때문이다.

사실 우리나라는 그동안 신흥국의 위치를 가지며 높은 경제성장률을 기록하다 보니, 물가상승률이 선진국에 비해 높은 편이었다. 게다가 경제구조상 경기 침체가 일어나도 환율이 오르는 특성이 있어서, 수입 물가 상승으로 인한 디플레이션 상황을 경험해 본 적이 거의 없다. 하지만 미국이나 일본 등의 선진국들은 디플레이션을 몇 차례 경험한 바가 있다.

디플레이션의 순환 과정

경기가 좋아지면서 자금 수요가 늘어나서 금리가 오른다고 가정해 보자. 금리가 계속 오르게 되면, 이제 높은 금리를 감당할 수 없어서 대출 수요가 줄어든다. 그럼 시중의 돈, 즉 통화량이 줄어들게 된다. 이런 추세가 계속되면 물가는 더 떨어진다.

사람들은 물가가 떨어지니까, 가격이 더 떨어질 때를 기다리게 된다. 한마디로 오늘 소비할 것을 내일로 미룬다는 것이다. 그럼 전반적으로 소비가 줄어들고, 기업도 매출이 줄어들 것이다. 기업이 먹고살기 힘들어지니까 실업이 늘어난다. 결국 실업 때문에 소비는 더 줄어들게 되고, 덩달아 주식이나 부동산, 원자재 가격도 떨어질 것이다. 이런 식으로 극심한 경기 침체가 닥치면 소비나 투자가 안 일어나고 대출도 안 받게 된다. 그럼 결국 금리도 내리게 된다. 계속 이렇게 연쇄적으로 소비가 더 줄어들면서 다시 기업의 매출이 더 떨어지고, 파산하는 기업도 속출하면서 실업은 증가하고 월급봉투도 쪼그라들면서 소비가 더 위축하게 된다.

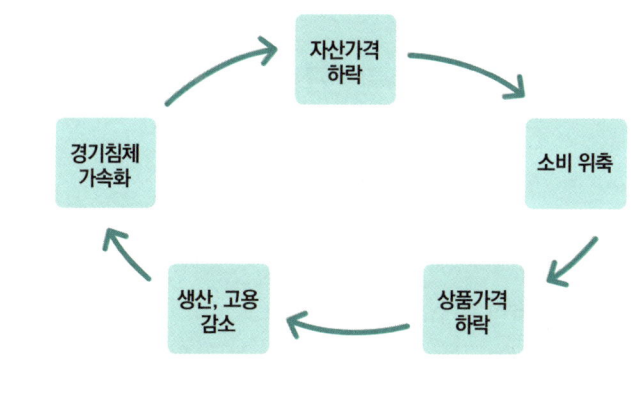

디플레이션의 영향

디플레이션은 인플레이션 시기의 과도한 투자로 인해 버블이 터지는 시기라고 볼 수 있다. 다시 말해 거품이 꼈던 자산 가격이 제자리를 찾아가는 고통스러운 과정이다.

디플레이션의 대표적인 사례로 가까운 일본의 '잃어버린 10년'을 들 수 있다. 일본의 대표적 주가지수인 니케이225 지수는 1989년 12월 29일 장중 38915포인트까지 올랐지만 20여 년이 지난 2010년대 초반까지도 10000포인트 근처에서 등락을 거듭하는 수준이었다. 최고점 대비 약 75% 가까이 폭락한 셈이다.

일본 니케이225 지수 변동 추이

출처 : FRED

일본의 부동산 가격도 마찬가지로 6대 도시를 기준으로 정점 대비 약 80% 넘게 폭락하였다.

일본의 땅 값 추이

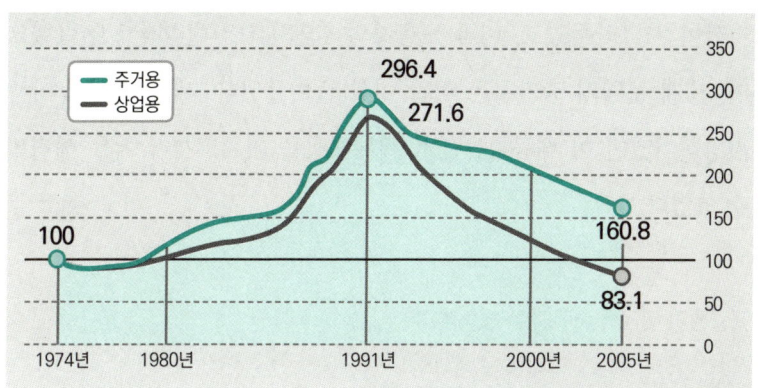

* 1974년=100 기준
출처 : 「조선일보」

이처럼 자산 디플레이션은 부동산 등 실물자산과 주식 등 금융자산의 가치가 동반 하락하는 결과를 가져온다.

자산 디플레이션이 되어 부동산과 주식의 가격이 장기 하락하면 금융권은 자산의 담보가치가 떨어지므로 부실 위험이 커지게 된다. 이로 인해 대출금 회수를 재촉하게 되어 시중의 유동성은 더욱 줄어들고, 결국 자산 디플레이션이 더욱 심화돼 경제성장률이 둔화된 상태가 장기간 이어지는 것이다.

또한 디플레이션 시기에는 은행이 파산하는 경우가 생기므로 안전한 곳을 찾아 돈이 이동하게 된다.

이러한 디플레이션이 극심한 상태에 빠지면 '공황'이라고 표현하는데, 자본주의 역사상 가장 극단적인 공황은 1929년에 일어난 대공황을 들 수 있다.

1929년 10월 24일 뉴욕증권시장에서 대폭락이 일어나며 은행이 도미노처럼 파산하더니 세계적인 공황이 시작되었는데, 결국 대공황으로 인해 1932년 미국 다우존스지수는 1929년도에 비해 10분의 1 가까이 쪼그라들었고, 미국 노동자의 4분의 1이 실업자로 전락했으며, 세계 무역의 총가치는 절반 이상 줄어들었다. 세계 경제에 아주 치명적이었던 이 대공황은 2차 세계대전을 거치고서야 겨우 해결될 수 있었다.

대공황기 미국의 다우지수 변동 추이

자료 : 블룸버그

정부의 양적 완화 정책

이렇게 디플레이션과 함께 경기 침체가 지속되면 중앙은행이 기준금리를 인하해서 경기를 살리고자 애쓰게 된다. 하지만 중앙은행이 금리를 더 이상 낮출 수 없는 수준까지 인하했는데도, 경기가 회복될 기미를 보이지 않으면 양적 완화 정책이 동원된다.

'양적 완화(量的緩和)'는 중앙은행이 직접 시장에 돈을 푸는 정책을 말하는데, 중앙은행이 금융시장에 직접 참여하여 일반기업의 어음이나 회사채, 정부가 발행한 국채 등을 매입하고, 대신 돈을 지불하여 시장에 통화를 공급하는 것이다. 좀 더 쉽게 설명하면 '중앙은행의 정책으로 금리 인하를 통한 경기부양 효과가 한계에 봉착했을 때 중앙은행이 국채 매입 등을 통해 유동성을 시중에 직접 푸는 정책'을 뜻한다.

금리 중시 통화정책을 시행하는 중앙은행이 정책금리가 0%에 근접하거나 혹은 다른 이유로 시장경제의 흐름을 정책금리로 제어할 수 없는, 이른바 유동성 저하 상황하에서 유동성을 충분히 공급함으로써 중앙은행의 거래량을 확대하는 정책이다. 중앙은행은 채권이나 다른 자산을 사들임으로써 이율을 더 낮추지 않고도 돈의 흐름을 늘리게 된다.

양적 완화를 처음 시행한 나라는 일본이다. 일본의 버블이 꺼지면서 일본의 중앙은행이 금리를 제로 수준까지 내렸는데도 경제가 10년 동안 살아나지 않자, 2000년대 초반에 양적 완화를 통해 돈을 직접 풀었다. 미국 또한 2008년 글로벌 금융위기 때 미국 연방준비제도 의장이었던 벤 버냉키가 4조 5,000억 달러에 달하는 어마어마한 돈을 뿌렸다.

이렇게 양적 완화 정책을 쓰는 이유는 일단 위기 상황에서는 대부분 지갑을 닫고 소비를 안 하므로 돈이 돌지 못한다. 그래서 돈을 돌게 하기 위해 돈을 푸는 것이다.

하지만 그렇게 돈을 마구 풀면 돈값이 떨어질 수 있어 반대하는 사람들도 많다. 어찌 됐든 금리를 내려도 안 되고 하니까, 이것도 처방하고 저것도 처방해 보는 것이다. 심지어 일본과 유럽은 양적완화에 마이너스 금리까지 도입하기도 했다.

중요한 것은 이렇게 경기 침체가 이어지다가도 정부의 노력과 중앙은행의 여러 정책으로 경기가 회복되는 기미가 보이면 출구 전략을 신중하게 생각하지 않을 수 없다는 것이다.

출구 전략은 원래 미국이 베트남 전쟁에서 피해를 최소화하면서 철수하는 시나리오에서 유래된 군사용어인데, 경제에서의 출구 전략은 경기 침체기에 썼던 비정상적 경제정책의 기조를 위기 이전의 정상적인 수준으로 되돌리는 것을 말한다.

앞서 살펴본 것처럼 경기 침체에서 벗어나기 위해 중앙은행이 기준금리 인하나 양적 완화 정책 등을 취하면 시중에 유동성이 대폭 늘어나게 되는데, 이런 조치는 나중에 경기 회복 조짐이 나타나면 막대하게 풀린 유동성으로 물가 폭등을 가져올 수도 있다. 그래서 정부와 중앙은행은 경기 침체에서 회복되는 기미가 보일 때 한발 앞서 출구 전략을 적절하게 실시하여 이런 부작용을 막으려고 노력하게 되는 것이다. 다시 말해 시중에 지나치게 풀린 유동성, 즉 돈을 거둬들이려는 조치들이 취해지는 것이다. 미국 역시도 양적 완화를 마치고 금리를 올려 풀었던 돈을 거두어들였다.

지난 경제사를 보면 세계는 불황과 호황의 반복이다. 어쩌면 호황 속에 벌어지는 사람들의 지나친 낙관과 빚이 불황을 부를 수밖에 없는 게 아닐까? 호황 속에서 불황을 보고, 불황 속에서 호황을 보는 현명한 지혜가 필요하다.

Chapter 8

돈에 대한 내 마음과 행동 점검하기

나는 정말 합리적인 인간일까

"현명한 사람은 돈을 머릿속에 가지고 있어야지,
가슴속에 두어서는 안 된다."

- 조너선 스위프트(영국의 작가)

　대다수의 사람들은 평소 자신이 이성적으로 판단하고 합리적으로 행동한다고 생각한다. 하지만 돈에 관한 결정을 할 때 보면, 이상하게도 주먹구구식으로 하는 자신을 발견하기 쉽다. 가령 빚이 많이 있는데도 불구하고 매일같이 돈 쓰기에 바쁘고, 잘 모르는 금융상품인데도 덥석 가입하거나, 집값이 엄청 비싼 줄 알면서도 꼭 대출을 끼고서라도 집을 구입하는 등 합리적이라고 하기에는 잘 이해되지 않는 행동들을 하곤 한다.
　이러한 행동습관들로 인해 우리의 장기적인 목표인 행복한 노후를 맞이하기가 어려워질 수 있다면 어떻게 하겠는가?
　최근에는 경제 행위 뒤에 숨겨진 인간의 심리를 탐구하여 이를 활용하는 학문이 주목을 받고 있는데, 이를 평생에 걸쳐 이루어질 자산관리에도 적극 활용할 필요가 있어 보인다. 이에 대한 자세한 내용을 살펴보도록 하자.

전통적인 경제학에서의 호모 이코노미쿠스(homo economicus)란 인간을 '자신의 이익을 합리적으로 추구하는 존재'라고 보는 것이다. 그런데 '인간은 정말 합리적인가'라는 의문을 갖지 않을 수 없다. 그래서 최근에는 이에 반기를 드는 입장이 생겨나고 있는데, 주로 행동경제학에서 볼 수 있는 입장이다. 행동경제학에서는 인간의 합리성에 명백한 한계가 있다고 말하는데, 한마디로 인간이 기본적으로는 합리적이라고 할지라도 거기에는 한계가 있다는 얘기다.

아무리 치밀한 사람이라도 매사에 백과사전을 뒤져 본다든지, 계산기를 두드려 가면서 살아가지는 않는다. 계산을 해 보면 정확한 답이 나오는 것을 알지만 대충 어림짐작으로 끝내 버리는 경우가 많다. 특별히 게으른 사람만 그러는 것이 아니라는 얘기다.

경제학 교과서에 정확하게 설명되어 있지는 않지만, 암묵적으로 가정되어 있는 하나의 중요한 사실이 있는데, 그건 사람이 느끼는 만족감은 그 사람의 소득 혹은 재산의 크기에 의해 결정된다고 하는 것이다. 즉 소득이 많을수록, 그리고 재산이 많을수록 만족감이 더 커지는 것으로 가정한다는 말이다. 과연 그럴까?

예를 들어 A씨와 B씨 모두 4억 원씩의 똑같은 재산을 갖고 있다고 가정해 보자. 그런데 A씨는 최근 부동산 투자에서 5,000만 원의 돈을 벌어 재산이 4억 원으로 불어난 반면에 B씨는 주식 투자한 돈에서 2억 원의 손실을 보아 재산이 4억 원으로 떨어진 것이라고 한다. 그렇다면 정말로 이 두 사람이 자신의 경제적 상황에 대해 똑같은 만족감을 갖고 있을까? 절대 아니다.

최근 부동산 투자에서 재미를 본 A씨는 아주 행복해하고 있는 반면, 주식 투자에서 손해를 본 B씨는 참담한 심정이 되어 있을 거라는 것에 의심의 여지가 없다. 따라서 두 사람의 재산이 똑같기 때문에 만족감의 수준도 똑같을 것이라는 짐작은 현실과 크게 동떨어져 있는 것이다. 그래서 같은 4억 원이라고 해도 A와 B는 완전히 다른 느낌일 것이다.

그래서 행동경제학자들의 연구에 따르면 사람들의 만족감과 직결되는 것은 소득이나 재산의 크기 그 자체가 아니라고 한다. 사실 많은 재산을 갖고 있는 사람이 언제나 행복감을 느끼며 사는 것은 아니다. 물론 큰 재산을 모았을 때는 만족감이 크겠지만, 어느 정도 시간이 지나면 그 상태에 익숙해져 만족감이 별로 크지 않을 가능성이 높다. 이 점을 생각해 보면 행동경제학자들의 연구 결과가 매우 큰 설득력을 갖는다는 것을 바로 알 수 있다.

소득과 만족감의 상관관계

그렇다면 사람들의 만족감과 직접적인 관련을 갖는 것은 무엇일까?

바로 소득과 재산의 변화 양상이라고 한다. 다시 말해 이득을 보았느냐 아니면 손해를 보았느냐가 결정적인 영향을 미친다는 얘기다.

실제로 사람들은 재산의 어떤 기준점을 설정하고 재산이 그것보다 더 커졌는지 아니면 작아졌는지에 큰 관심을 갖는다. 바로 이 재산의 변화 양상이 만족감에 결정적인 영향을 미친다는 얘기다.

또한 이들이 밝혀낸 또 하나의 사실이 있는데, 바로 사람들이 이득보다 손해에 훨씬 더 민감하게 반응한다는 것이다. 예를 들어 3,000만 원의 이득에서 얻는 만족감의 증가 폭보다 3,000만 원의 손해로 인해 경험하는 만족감의 감소 폭이 훨씬 더 크다는 얘기다. 조금의 손해라 할지라도 만족감을 크게 떨어뜨리는 요인으로 작용할 수 있다는 것이다.

결국 자기가 지금 갖고 있는 것을 잃어버릴 수 있다는 걱정이 사람들의 행동에 많은 영향을 주게 된다는 소리인데, 바로 이런 손실 기피적인 태도가 인간의 특성이라는 것이다. 이러한 이유로 우리는 투자가 실패할 확률이 크다는 것을 알았다 하더라도 더 많은 돈을 계속 투자하려고 하거나 손절매하지 않으려는 경향이 있다. 이걸 '매몰 비용의 오류'라고 한다.

사실 투자가 실패할 확률이 크다는 것을 알았다면 지금까지 얼마를 투자했든 더 이상 투자하는 것을 즉시 중단하거나 손절매 하는 것이 맞는 것이다. 하지만 이러한 손실기피적인 심리와 매몰 비용의 오류 때문에 우리는 지킬 수 있는 돈마저 날려 버리는 경우를 종종 맞이하게 된다. 즉 돈을 계속 쏟아 붓거나 혹은 손절매 하지 않는 한, 아직 결과가 나오기 전이기 때문에 헛된 희망을 가질 수 있다는 것이다. 한 마디로 손실이 주는 고통을 뒤로 미루는 행위인 셈이다.

이는 앞서 말한 것처럼 얻는 기쁨보다 잃는 아픔이 훨씬 강하기 때문이다. 이것을 보통 '처분 효과(Disposition Effect)'라고 부른다.

이처럼 우리의 삶은 합리적으로 이루어지기보다 마음상태에 따라

이루어지는 경우가 많다. 따라서 이러한 점을 이해하고 이를 살아가면서 다루게 될 자산관리에 잘 활용하는 지혜가 필요하다.

돈을 다루는 데 있어 어떤 사람은 이성적이고 합리적으로 판단하는 반면, 어떤 사람은 감정적이고 비합리적으로 판단하는 걸 알 수 있다. 그것은 돈이 머리에 있는지, 가슴에 있는지에 달려 있다.

매몰 비용의 오류와 손실 회피 현상

매몰 비용의 오류를 다른 말로 '콩코드 오류'라고도 한다. 그 유래가 콩코드 여객기에서 나왔기 때문이다.

콩코드는 영국과 프랑스가 합작해서 만든 초음속 여객기인데, 원래 미국의 보잉을 이기려고 만든 것이다. 그런데 제작 비용이 만만치 않고, 연비마저 너무 떨어지다 보니 중간에 그만둬야 한다는 얘기가 많았다. 하지만 투자된 돈이 워낙 많다 보니 중간에 포기할 수가 없었던 것이다. 이런 걸 매몰 비용이라고 한다. 비용이 계속 늘어나고, 정부 지원도 중단되어 결국 견디지 못하고 콩코드는 망해 이제는 더 이상 운항을 하지 않는다.

이런 매몰 비용의 오류는 정부사업이나 민간사업뿐만 아니라 개인에게서도 다양하게 나타나는데, 특히 투자에서도 자주 일어난다.

주식투자를 하다 보면 여러 종목에 투자하게 되는데, 어떤 종목은 플러스이지만 또 어떤 종목은 마이너스를 기록하는 등 수익률이 천차만별이다. 그러면 마이너스 수익률인 종목을 다시 한번 깊게 분석해 보고 문제가 있는 것인지, 잘못 투자한 것인지, 만약 그렇다면 빨리 팔아 버리고 다른 좋은 종목에 투자해야 한다.

하지만 본전 생각 때문에 이게 잘 안 된다. 손실 보는 게 싫은 것이다. 그런데 반대로 플러스 수익을 잘 보고 있는 종목을 보면 '그냥 팔아 버릴까?'라는 생각은 잘 든다. 팔아서 빨리 이익을 보고 싶은 것이다. 이것이 행동경제학에서 말하는 손실 회피 현상, 처분 효과이다.

따라서 투자에서 이럴 때는 기본적으로 손실 보고 있는 종목을 파는 게 낫다. 애당초 잘못 투자된 것이니 얼른 팔아서 더 늘어날 수 있는 손실을 막아야 되는 것이다. 그리고 반대로 이익을 내고 있는 종목은 마음은 팔고 싶어도 더 기다려야 한다. 투자가 잘된 것이기 때문이다, 빨리 팔아서 이익 내고 싶은 마음을 억누르고 좀 더 길게 내다보고 지켜봐야 하는 것이다.

결국 기업 분석도 좋지만, 일단 자기 마음을 잘 다스려야 투자도 잘된다.

현명한 저축과 소비는
마음가짐에 달려 있다

"다른 사람의 돈을 잘 쓰기란 쉬운 일이다."

- 라틴 속담

　대다수 사람들이 돈과 관련된 결정을 모든 가능성을 고려해 합리적으로 내리는 것이 아니다. 이와 같은 일들이 일어나는 이유는 사람들이 마음의 회계장부에 따라 주관적으로 행동하기 때문이다. 이를 '심적 회계(mental accounting)'라고 하는데, 쉽게 말해 '마음속에 담아 놓은 자신만의 지출과 수입'이라고 할 수 있다.

　이 심적 회계는 행동경제학자이자 2017년 노벨경제학상 수상자인 리처드 탈러가 체계화한 개념이다. 즉 회사가 수입과 지출을 적어 넣는 회계장부를 갖고 있는 것처럼 개인 중에도 가계부에 수입과 지출을 적어 넣는 경우가 있다. 이와 같이 사람이 마음속에 장부를 갖고 있어 어떻게 생긴 돈이며 어디에 쓸 돈인지의 기준에 따라 들어오고 나가는 것을 기록한다는 것이다.

심적 회계에 관한 실험

심적 회계를 예를 들어 간단하게 설명하면 이렇다.

2008년 10월 미국발 금융위기가 세계를 휩쓸고 있을 때 환율이 거의 1,500원대까지 치솟은 적이 있었다. 이때 박 교수라는 사람이 미국 LA의 상공회의소를 방문해 '미래의 한국'이라는 제목으로 강연을 하게 되었다고 가정해 보자. 그는 때마침 결혼 20주년을 맞아 아내에게 미국 여행을 시켜 준다는 생각으로 함께 미국으로 떠났다.

강연이 끝나자 주최 측에서 강연료 5,000달러를 수표로 지급했고, 박 교수는 그 돈으로 미국 여행을 하기로 마음먹었다. 박 교수 부부가 처음 찾은 곳은 인근의 국립공원이었는데, 공원 안에 있는 호텔의 하루 숙박비는 500달러나 되었다. 그렇지만 다른 대안도 없어 그곳에 묵기로 하고 짐을 풀었다. 그리고 저녁이 되서 식당에 갔더니 한 사람당 최소 50달러는 주어야 한 끼를 때울 수 있을 정도로 음식 값도 엄청나게 비쌌다.

그 후 일주일 동안 이런 식으로 여행을 했는데, 가는 곳마다 숙식을 해결하는 데 엄청난 돈이 든다는 것을 알게 되었다. 그런데도 그들은 이렇게 많은 돈이 든다는 사실에 별로 신경을 쓰지 않았다. 강연료 5,000달러를 받은 것으로 쓰는 데 무슨 대수냐는 생각이었던 것이다. 돌아오는 내내 그들은 무척이나 행복해했다고 한다.

자, 이제 박 교수의 상황을 조금 바꿔 보자. 만약 그가 미국에 가지 않고 국내에서 강연을 했다고 하면 1달러당 1,500원으로 계산해

750만 원을 사례비로 받은 것이다. 그리고 결혼 20주년을 기념해 부부 동반으로 미국 여행을 떠나 앞서와 똑같은 일정으로 여행했다고 하면 어떤 생각이 들었을까? 아마도 여행하는 것이 무섭다는 생각을 했을 것이다.

왜 그럴까? 한쪽에서는 비싼 돈을 내면서도 담담한 반면 다른 편에서는 왜 무섭다고 느끼게 될까?

그 차이를 이런 방식으로 해석할 수 있는데, 즉 박 교수는 미국에서의 강의와 여행을 마음속에서 한 묶음으로 생각하고 있을 가능성이 크다는 것이다. 그래서 미국에서 번 돈을 미국에서 쓰는 데 별 부담을 느끼지 않았을 것이다. 반면에 국내에서 번 돈과 미국에서 쓰는 돈은 그렇게 한 묶음으로 생각하기 힘들기에 큰 부담을 느낄 수밖에 없는 것이다.

또 한 가지 실험을 했는데, 사람들을 모아 놓고 10만 원씩 준 다음, 그들에게 그 돈을 아무 조건 없이 가져도 된다고 하였다. 그러고선 동전 던지기를 해서 이기면 5만 원을 더 받고, 지면 5만 원을 내는 게임을 해도 된다고 덧붙였다. 그 결과, 약 70%의 사람들이 내기를 선택했다. 공짜로 얻은 거라 도박을 해도 아깝지 않은 돈이라고 생각했던 것이다.

또 반대로 이런 실험도 했는데, 사람들에게 이번에는 이기면 15만 원을 받고, 지면 5만 원을 받는 동전 던지기 내기를 하든지, 아니면 그냥 10만 원을 받고 내기를 포기하든지 선택하라고 하였다. 한마디로 10만 원을 공짜로 나눠 주지 않은 상태에서 물은 것이다. 그 결과, 이 실험에서는 대부분 10만 원을 받고 내기를 안 하는 쪽을 선택했다.

이렇게 심적 회계란 돈의 출처나 용도를 따로 마음속에 만들어 놓고, 비합리적으로 처리하는 걸 말한다. 결국 마음속으로 돈을 그 성격에 따라 구분해 놓고 있다는 얘기다.

간단히 말해 1만 원짜리 지폐는 모두 똑같은 모양을 갖고 있어서 주머니에 들어 있는 1만 원짜리 지폐 10장을 구분해, '이것은 어떤 돈이고 저것은 어떤 돈이다'라고 하는 것이 불가능하다. 그렇지만 그 10만 원 중 2만 원은 내기에서 딴 것, 나머지 8만 원은 월급에서 나온 것 같은 방식으로 구분하는 것은 가능하다. 나아가 그 10만 원 중 1만 원은 차비로 쓸 것, 3만 원은 식대로 쓸 것 같은 방식으로 구분할 수도 있다.

사실 이렇게 돈을 구분해 놓는 게 일반적 현상이라고 할 수 있다. 다시 말해 돈이 어떤 과정을 거쳐 지갑에 들어오게 되었느냐 혹은 어디에 쓸 돈이냐에 따라 각각의 칸막이를 쳐 놓고 구분하는 버릇을 갖고 있다는 얘기다.

그리고 어떤 범주에 속하는 돈인지에 따라 각각 다른 소비성향을 갖게 된다. 가령 도박을 해서 딴 돈 같은 경우는 마음껏 헤프게 써 버리지만, 열심히 일을 해서 얻은 봉급에서 나온 돈은 가급적 아껴 가며 쓴다는 얘기다. 또한 식비로 쓸 돈을 술값으로 써 버리는 일도 잘 일어나지 않는다.

바로 이 심적 회계의 관점에서 보면 앞에서 본 박 교수의 행동은 쉽게 이해할 수 있다.

마음속에 '미국 강연과 여행'이라는 계정을 만들어 놓은 박 교수는 이 안에서 발생한 소득을 이 안에서 쓰는 데 아무 부담을 느끼지 않았던 것이다. 그러나 '국내 강연'과 '미국 여행'이라는 두 개의 독립적 계정을 만들어 놓은 경우에는 계정 사이를 옮겨 가는 데 부담을 느끼게 된다. 즉 국내 강연에서 번 돈을 미국 여행으로 옮겨 지출하는 것이 부담스럽다는 말이다. 바로 이런 심적 회계의 특성 때문에 앞에서 본 바와 같은 행동의 차이가 나온다고 볼 수 있는 것이다.

결과적으로 이와 같은 심적 회계는 종종 우리를 비합리적인 선택으로 이끌곤 한다. 우리 마음속에는 계정이 여러 개 있어서 지출을 결정할 때는 재산 전체를 고려하는 게 아니라 상황에 맞는 계정만을 살피기 때문이다.

사람들이 심적 회계에 의존하는 이유

그렇다면 사람들이 이러한 심적 회계에 의존하는 이유는 무엇일까?

돈을 쓸 때마다 현재와 미래의 대안 및 전체 재산 상태를 일일이 고려할 수 없기 때문이다. 쉽게 말해 주먹구구식이 된다는 얘기다. 사실 자기 재산이 얼마인지 모르는 사람도 많은 게 현실이다. 자신의 총재산이 정확히 얼마인지도 모르는데, 어떻게 돈을 쓸 때마다 전체 재산 상태에 미칠 영향을 고려하겠는가?

실제로 보너스, 인센티브, 휴가비, 수당 같은 비정기적인 소득이나 예금이자, 투자수익처럼 노동 없이 들어온 돈은 공돈으로 여기기 쉽다. 그래서 일단 이렇게 '공돈' 항목으로 들어가면 지출에 대한 경계심이 사라져 버려 통장에서 쉽게 꺼내 쓰게 된다. 따라서 돈 낭비를 막기 위해서는 소득의 출처에 따라 나누지도 따지지도 말고 모든 소득을 '소득'이라는 심적 회계에 집어넣어야 한다.

그런데 사실 이 과정이 쉽지는 않다. 이는 자꾸만 돈의 출처와 용도를 따지려는 심리가 인간의 본능이기 때문이다. 결국 소득의 출처를 따지는 심적 회계의 오류를 극복하는 가장 좋은 방법은 '공돈'이 생기자마자 저축을 해 버리는 것이다. 한마디로 꺼내 쓸 시간을 주지 않고 바로 저축으로 이동시키라는 것이다. '공돈'이라는 이름표를 떼고 '저축'이라는 이름표를 붙여야만 함부로 써 버리는 것을 막고, 차근차근 모을 수 있는 기회를 만들기 때문이다.

땀 흘려 번 1만 원도 1만 원이고, 길에서 주운 1만 원도 1만 원이다. 어떤 돈이라도 소중히 여기며 살아간다면 보다 풍요로운 내일을 맞이할 것이다.

충전지식

심적 회계를 유용하는 쓰는 방법

아이들에게 세뱃돈을 주면서 "이건 네가 나중에 대학교 들어가면 쓸 등록금이야. 그러니까 통장에 넣어 놓자"라는 식으로 구분을 지어 놓으면 아이들 마음속에 심적 회계가 일어나면서 쉽게 번 돈인데도 마음껏 쓰지 못하는 효과를 거두게 된다.

퇴직금도 중간정산 같은 게 없었다면 대부분의 사람들이 쓰지 않고 끝까지 그 돈을 지켜 나갔을 것이다. 그런데 중간정산이 되는 바람에 퇴직금을 중간에 받아서 전세금 올려 주고 차를 바꾸고 하면서 이래저래 다 써 버린 경우가 많았다. 그런 사람들은 나중에 은퇴할 때쯤 되면 후회할 가능성이 높다.

그래서 퇴직금 같은 것들은 정책적으로 아예 강제성을 부여해서 중간에 함부로 손을 대지 못하게 하거나 마음대로 사용하지 못하도록 하면 사람들의 심적 회계가 작동하면서 바람직한 방향으로 나아갈 수 있다.

돈 모아 주는
행동 장치를 설치하라

> "행복하려면 무언가를 해야 한다.
> 생각보다는 행동이 필요하다."
>
> - 윌리엄 해즐릿(영국의 비평가)

　살아가다 보면 의도했던 방향과 달리 그릇된 선택들을 하게 되는 경우가 종종 있다. 장기적으로는 올바른 선택을 하고자 하는데, 실제로 단기적으로는 잘못된 선택을 할 때가 있다는 얘기다. 마치 금연이나 다이어트의 필요성을 느끼면서도 항상 다음으로 미루는 것처럼 말이다.

　이처럼 의지가 약하거나 유혹에 쉽게 굴복해 버린다면 장기적인 행복을 위해 건강한 삶을 얻기가 힘들 것이다. 즉 많은 사람들이 단기적으로 담배나 맛있는 음식의 유혹에 넘어감으로써 애초에 의도했던 자신의 장기적인 관심사항과 반대되는 행동을 한다는 얘기다.

　이처럼 현재 시점에서 결정한 미래의 선택이, 미래가 현시점이 되었을 때 다른 선택으로 바뀌는 것을 '시간적 비일관성'이라고 표현한다. 그렇다면 왜 이런 시간적 비일관성이 생기는 것일까?

한마디로 시간을 상대적인 개념으로 생각하기 때문이다. 즉 어떤 행동을 하게 만드는 결정은 시간관념에 달려 있다는 얘기다. 쉽게 말해 금연 실천을 먼 훗날의 일로 생각하면 금연 결정을 쉽게 내리게 되지만 당장 결정을 내려야 한다면 장기적인 이익에 반하는 결정인 담배를 피우는 결정을 하게 되는 것이다. 이러한 시간적 비일관성은 간단한 실험으로도 확인할 수 있다.

먼저 사람들에게 30일 후에 14만 6,000원을 받을 것인지, 아니면 31일 후에 15만 원을 받을 것인지 물으면 어떻게 대답할까? 이 질문에 대부분의 사람들이 하루를 더 기다리겠다고 답했다. 즉 31일 후에 15만 원을 받는 것을 대부분 선택했다는 것이다.

그런데 당장 14만 6,000원을 받을 것인지, 아니면 내일 15만 원을 받을 것인지 물었을 때는 대부분의 사람들이 당장 14만 6,000원을 받겠다고 답했다.

만약 하루를 더 기다려 31일 후에 15만 원을 받겠다고 대답한 사람이라면, 상식적으로 생각할 때 당장 14만 6000원을 받지 않고 다음 날 15만 원을 받겠다고 하는 게 맞지만, 실제로는 대부분 당장 14만 6000원을 받겠다고 한 것이다.

이로써 사람들은 대체로 먼 미래에 일어나는 일일수록 상대적으로 더 느긋한 태도를 취한다는 사실을 알 수 있다. 한마디로 이 실험 결과는 우리가 평소에 일관되지 않고, 비합리적으로 행동한다는 걸 말한다.

저축 습관 키우기

그럼 우리의 저축 습관과 이 실험을 대비시켜 생각해 보자.

대다수의 사람들은 노후를 위해 저축을 해야 한다고 생각할 것이다. 저축을 시작할 시기가 아직 한참 남았기에 저축을 해야겠다는 결심은 쉽게 하는 편이다. 그러나 정작 저축을 해야 할 때가 되면 망설이거나 이런저런 핑계로 여윳돈을 써 버리는 경우가 대부분이다. 금연, 다이어트, 시험공부를 미루는 것처럼 노후 대비도 미루는 것이다. 문제는 노후 대비를 미루면 미룰수록 문제가 더욱 심각해진다는 것이다.

간단한 계산으로 이를 확인할 수 있다.

예를 들어 매달 50만 원씩 10년을 저축했다고 가정해 보자. 원금만 하더라도 6,000만 원이고, 이자율을 연 복리 2%로 잡으면 6,640만 원이 된다(세금이 없다고 가정). 그럼 이자 수익만 640만 원이다. 같은 금액을 30년 넘게 저축하면 이자 없이 1억 8,000만 원이고, 이자율을 연 복리 2%로 잡으면 약 2억 4,600만 원이 된다. 이자 수익만 약 6,600만 원이다. 만약 이자율이 연 복리 5%라면 거의 4억 9,300만 원이 넘게 된다. 이자만 무려 2억 3,000만 원 가까이 되는 것이다. 결국 하루라도 빨리 그리고 꾸준히 저축할수록 더 많은 이자를 얻을 수 있다는 얘기다.

물론 저금리 추세 속에서 이자 수익은 더 떨어질 가능성이 높다. 2%가 아닌 1%, 0.5%까지도 말이다. 이러한 이자 수익이 더 떨어지기 전에 일찍부터 저축을 시작하면 노후가 편안해진다. 문제는 실천이 어렵다는 것이다. 시간적 비일관성 때문에 일찍 저축을 시작하고 싶지만 막상 실천을 해야 하는 순간이 오면 결심은 온데간데없이 자취를 감춘다. 이 이야기는 참으로 중요하다.

 예를 들어 우리가 나이 들어서 60세쯤부터 써야 할 돈을 계산해 보니 대략 3억 원이 필요하다고 가정해 보자. 그럼 그 돈을 마련하려면 현시점에 얼마씩 저축해야 될지 대략 알 수 있다. 요즈음 같은 저금리 기조 속에서 20대에 매월 한 40만 원씩 저축해야 60세쯤 3억 원이 모인다고 가정하면, 40대에는 100만 원 정도, 50대에는 대략 220만 원 정도씩은 저축해야 모을 수 있다. 나이가 들면 들수록 목표 금액을 모으려면 부담이 부쩍 커지게 되는 것이다.

 그래서 저축을 일찍 시작하는 게 무엇보다 중요하다. 그런데 대부분의 사람들은 결심이 서도 자꾸 미루고 실천을 안 하는 경향이 있다는 것이다. 하지만 그렇게 되면 나중에 나이 들고 나서 큰 후회를 하게 될 것이다.

지금 당장 자동이체하라

 그렇다면 이걸 극복할 수 있는 방법은 없을까?

 그건 바로 작지만 강력한 행동 장치를 설치하는 것이다. 『괴짜 경제학』의 저자 스티븐 더브너와 스티븐 레빗의 말에 따르면, 행동 장치는 원하는 결과를 얻기 위해 스스로 행동에 제약을 가하는 것을 말한다. 미래에 자신의 의지가 약해질 것을 미리 알고 이에 대한 대책을 먼저 마련하는 단순한 원리이지만, 그 효과는 강력하다고 말할 수 있다.

 노후대책 같은 경우 저축을 시작하기가 어렵다는 걸 알기 때문에, 저축을 시작할 수밖에 없는 방법을 마련해야 한다. 과거 미국에서 큰 인기를 끌었던 '크리스마스 저축 클럽'이 좋은 예가 될 수 있는데, 그

클럽의 운영 방식을 보면 이렇다.

가령 11월에 계좌를 개설하고 매주 일정 금액을 저축하겠다고 약속한다. 그리고 이때 입금한 돈은 1년 이내에 찾을 수 없으며 크리스마스 직전에만 돌려받을 수 있다. 그러면 1년 후 회원들은 크리스마스 직전에 돈을 돌려받아 크리스마스 선물을 사게 되는데, 이 상품의 특이한 점은 이자를 한 푼도 주지 않는다는 것이다. 언뜻 경제적 관점으로만 본다면 선물을 위한 돈을 은행에 넣어 두는 게 나을 것이다. 왜냐하면 은행은 적을지언정 이자를 받을 수가 있기 때문이다.

그래서 초기에 이 상품은 살아남을 수 없다고 여겨졌지만 크리스마스 저축 클럽은 수년 동안 큰 인기를 끌었다. 이자를 주지 않는 대신 넣어 둔 돈을 인출해 다른 일에 써 버리는 일은 막을 수 있었기 때문이다. 행동 장치를 이용해 성공한 대표적인 사례인 셈이다.

이런 방식으로 이용할 수 있는 좋은 방법으로는 자동 이체를 적극 이용하는 것이다. 한 번만 큰맘을 먹고 용기를 내서 노후 대비 적금 계좌를 개설하고 자동 이체를 설정하면 된다. 정기적으로 매달 일정 금액이 자동으로 쌓이게 해 둔 다음 그 돈은 없다고 여기고 잊어버려라. 빨리 잊을수록 그 효과는 더욱 좋다. 그러면 자신도 모르게 언젠가 든든한 노후 대비책을 마련하는 결과를 얻을 수 있을 것이다. 결국 저축도, 소비도, 자산 축적도, 노후 준비도 모든 게 마음먹기에 달렸다.

강제저축 수단 중에서 대표적인 것이 국민연금이다. 우리가 월급을 받으면 국민연금을 강제로 떼어 가니까 어쩔 수 없이 저축되는 것인데, 만약 이걸 자유롭게 적립할 수 있게 바꾼다면 당장 먹고 쓸 게 많다 보니 적립이 거의 안 될 것이다.

퇴직연금도 마찬가지다. 만약 월급에서 본인이 따로 부어 넣는 걸로 했다가는 큰일 날 것이다. 잘 쌓여 가는 퇴직금도 예전에 중간정산 제도로 많은 사람들이 다 써 버리는 경우가 많았다.

그래서 강제저축을 활용하는 게 좋다는 것이다. 적금이든 적립식펀드든 연금이든 하루라도 빨리 자동이체를 걸어 놓아야 한다. 매월 조금씩이라도 꼬박꼬박 떼어 놓다 보면 나중에 큰 도움이 될 게 확실하다.

우리는 그동안 노후 준비에 관해 많은 생각을 해 왔다. 그러나 무엇보다도 가장 중요한 건 생각이 아니라 행동 그 자체인 것이다. 지금 당장 행동하자!

합법적으로 세금 안 내는 110가지 방법

국세청을 발칵 뒤집어 놓은 바로 그 베스트셀러!

16년 연속 베스트셀러를 이어 가는 책.
이 책의 저자는 1년 내내 세법만 분석합니다.
베스트셀러가 되는 책에는 이유가 있습니다.

2018년판

16년 연속 베스트셀러!

세무사 신방수 지음
각 권 값 16,000원

최신 개정 세법을 완전 분석하고 다시 돌아왔다!

지금까지 내 왔던 세금들이 어떤 과정을 통해 나온 것인지, 어떻게 해야 세금을 줄일 수 있는지, 현재 처한 상황에서 어떻게 세테크 전략을 짜야 할 것인지를 방향을 제시해 준다. 현직 세무사의 전문적이면서도 이해하기 쉬운 설명과 풍부하고 재미있는 사례를 통해 독자들은 '세테크'에 한 발 다가갈 수 있을 것이다.

_「아시아경제」

내야 될 세금을 내는 거야 뭐랄 수 없겠지만 안 내도 될 세금을, 아니 돌려받아야 할 돈을 오히려 내고 앉아 있다면 이는 자신의 무지와 게으름을 탓할 일이다.

_「동아일보」

세금 증가율이 소득 증가율을 크게 앞지르고 있다. 1990년 이후 국민소득이 100% 증가했다고 가정했을 때 국세는 113~123% 늘어난 것으로 나타났다. 아무 생각 없이 내라는 대로 다 냈다가는 월급봉투가 텅 비어 버릴 판이다.

_「경향신문」

충전수업 : 쩐의 흐름 편

초판 1쇄 인쇄 2018년 4월 5일
초판 1쇄 발행 2018년 4월 10일

지은이 양보석

펴낸이 김연홍
펴낸곳 아라크네

출판등록 1999년 10월 12일 제2-2945호
주소 서울시 마포구 성미산로 187 아라크네빌딩 5층(연남동)
전화 02-334-3887   **팩스** 02-334-2068

ISBN 979-11-5774-598-2 13320

※ 잘못된 책은 바꾸어 드립니다.
※ 값은 뒤표지에 있습니다.